AF461237

ÉTUDE

SUR LES

ŒUVRES POLITIQUES

DE PAUL PARUTA.

PAR

ALFRED MÉZIÈRES,
Ancien membre de l'École française d'Athènes.

PARIS.
CHEZ Mme Ve JOUBERT, LIBRAIRE,
RUE DES GRÈS, 14.

1853

Paris. — Imprimé par E. Thunot et Cᵉ, 26, rue Racine.

A M. DUTREY,

INSPECTEUR GÉNÉRAL DE L'INSTRUCTION SECONDAIRE.

HOMMAGE DE RECONNAISSANCE ET D'AFFECTION.

AVANT-PROPOS.

On aime, de notre temps, les découvertes littéraires. Les critiques, comme les voyageurs intrépides, s'aventurent volontiers dans les pays peu fréquentés. On essaye de remettre en honneur des œuvres oubliées depuis longtemps, et de prouver à la postérité qu'elle a quelques injustices à réparer. Mais, quoique je veuille parler d'un écrivain presque inconnu aujourd'hui en France, l'étude que j'entreprends n'a pas cette prétention.

Paul Paruta a conservé en Italie assez de réputation pour qu'il n'y ait rien à apprendre sur lui à ses compatriotes. Sa gloire n'est ni contestée ni éclipsée. Il ne s'agit pas de lui rendre une place dans la littérature italienne, mais de montrer celle qu'il y tient. Si son nom est nouveau pour des lecteurs français, c'est qu'il a écrit dans un genre que les hommes de génie ont seuls le privilége de rendre populaire à l'étranger. Beaucoup d'écrivains politiques, très-estimés au delà des Alpes, n'ont aucun renom en France. Une partie des œuvres de Paruta a été cependant traduite en français, au moment où elles ont paru, et deux écrivains éminents du XVIIe siècle, de Thou et Gabriel Naudé, ont rendu à son talent un légitime hommage. Plus tard, on l'a oublié, parce que la littérature italienne n'était plus à la mode, et qu'on oublie facilement, en France, les ouvrages sérieux, quand l'élégance de la forme ne dissimule pas la gravité du sujet.

Mais l'Italie n'avait pas les mêmes raisons d'indifférence : elle conserve précieusement le souvenir des hommes qui l'ont illustrée. Paruta est regardé à Venise comme un grand politique, et deux historiens judicieux de la littérature italienne, Corniani et l'abbé Maffei, le comparent, l'un à Montesquieu, et l'autre à Machiavel. Ses *Discours* ont été réimprimés à Sienne en 1827, et plus récemment encore, une nouvelle édition de ses œuvres politiques vient de paraître à Florence, avec une préface très-louangeuse de M. Monzani (1). C'est cette édition qui m'a donné l'idée de lire Paruta et plus tard d'essayer de le faire connaître en France.

(1) *Opere Politiche di Paolo Paruta.* 2 vol. in-12. Firenze. Felice le Monnier, 1852.

CHAPITRE PREMIER.

VIE DE PARUTA.

Paul Paruta (1) naquit à Venise, en 1540, d'une famille noble, originaire de Lucques, mais chassée de son pays par les guerres civiles. Comme la plupart des jeunes patriciens de son temps, il suivit à l'université de Padoue les leçons des maîtres les plus célèbres. Ses goûts sérieux se révélèrent de bonne heure ; il s'appliquait surtout à l'étude de la philosophie et de l'éloquence. De retour à Venise, ayant acquis, par l'élévation de son caractère et de son talent, une grande autorité sur l'esprit de ses condisciples, il fonda dans sa propre maison une sorte d'académie littéraire où se discutaient les plus hautes questions d'histoire et de morale. Ces réunions étaient fort à la mode en Italie au XVIe siècle. A Florence, Machiavel avait rendu célèbre la société *degli orti de' Rucellai*. A Venise même, deux Académies venaient d'être fondées par deux hommes éminents, Ermolao Barbaro (2) et Dominique Vénier (3).

(1) *Degl' Istorici delle cose Veneziane*, t. III. *Vita di Paruta scritta da Apostolo Zeno*, 1718.

(2) *Giornale de' letterati d'Italia*, t. XXVIII, p. 172.

(3) *Nicolai Crassi Junioris Elogia patriciorum Venet.* Dec. II, 10.

Les lettres tenaient une grande place dans les entretiens de Paruta et de ses amis ; mais la politique était surtout l'objet de leurs méditations. Ils aimaient à étudier les lois des gouvernements anciens et à les comparer aux institutions modernes. L'histoire de l'antiquité leur était aussi familière que celle des républiques italiennes. Au lieu de s'endormir dans une oisiveté que leur naissance leur eût permise, ou de se livrer à des plaisirs que leur âge eût excusés, ces jeunes patriciens continuaient librement des études commencées dans les écoles de l'université, sous la forte discipline des maîtres. Pour eux, d'ailleurs, une discussion politique ou morale avait un autre intérêt que celui d'un simple jeu d'esprit. Ces questions qu'ils débattaient entre eux, ils pouvaient être appelés bientôt à les résoudre dans le sénat ou dans le conseil des Dix. Ils appartenaient presque tous à ces grandes familles qui se partageaient à Venise les charges publiques. On retrouve, parmi les compagnons de Paruta, les noms les plus illustres de la République : un Morosini, un Mocenigo, un Vénier, un Lorédan, qui jouèrent plus tard un rôle important (1).

Aucun d'eux cependant ne s'acquit, dans ces luttes académiques, autant de réputation que Paruta. Il fut à la fois l'hôte et le chef de la jeunesse de son temps. Cette gravité et cette maturité de raison qui l'avaient déjà distingué de ses condisciples, à l'université de Padoue, lui valurent à Venise l'estime et la considération publiques.

Mais il comprit lui-même que, pour devenir un homme politique, il ne suffit pas de bien parler sur un sujet con-

(1) Morosini écrivit, après Paruta, l'histoire de Venise. — Marc-Antoine Mocenigo fut surnommé le Philosophe de la République. — Maffeo Vénier, poëte et littérateur, devint archevêque de Corfou. *Apostolo Zeno, vita di P. Paruta.*

venu, et qu'il faut se mêler aux affaires pour en connaître les ressorts. Une occasion se présenta d'acquérir l'expérience qui lui manquait : il la saisit avec empressement. En 1562, Maximilien, archiduc d'Autriche, fils de l'empereur Ferdinand II, avait été nommé par la diète de Francfort roi des Romains. Venise envoya deux ambassadeurs pour le complimenter, et Paruta s'attacha à l'un d'eux.

Le jeune patricien eut le bonheur, dans ce voyage, de s'arrêter longtemps à Trente où le concile était réuni, et d'y connaître les politiques les plus habiles de l'Italie. Les entretiens qu'il eut avec eux firent une profonde impression sur son esprit, et lui inspirèrent peut-être un de ses principaux ouvrages, la *Perfection de la vie politique.*

Revenu à Venise, quoique sa réputation fût déjà grande et qu'il se fût allié par son mariage à l'une des premières familles de la république, aux Morosini, il ne se pressa point d'aspirer aux grandes charges de l'État ; il attendit que des études plus sérieuses et de plus longues méditations l'eussent rendu digne de les remplir avec honneur. C'est à cette modération de désirs qu'il dut de devenir un écrivain. S'il eût occupé de bonne heure les emplois publics, la vie active qu'exigent les affaires ne lui eût sans doute permis ni de se recueillir ni de réunir ses pensées dans deux remarquables écrits. Il n'eût laissé alors dans l'histoire que cette trace fugitive que laissent après eux les hommes politiques qui n'ont attaché leur nom ni à un grand acte ni à une grande œuvre.

Pendant quatorze ans Paruta vécut ainsi dans la retraite, occupé tout entier de recherches historiques et d'études sur les gouvernements. C'est alors qu'il composa ses *Discours politiques* qui ne furent publiés qu'après sa mort. Le premier ouvrage de lui qui ait vu le jour est une oraison funèbre. Les Vénitiens, engagés dans une lutte désastreuse avec les Turcs, venaient de remporter une victoire près des îles Curzolaires. La République avait besoin de gloire pour se consoler des pertes énormes qu'elle faisait de toutes parts. La Morée et une partie des îles de l'archipel lui échappaient. La découverte de l'Amérique et du nouveau chemin qui conduisait aux Indes avait déjà porté un coup fatal à son commerce. Pendant que les Portugais, les Espagnols et les Hollandais s'emparaient de vastes territoires, elle guerroyait avec ses voisins pour la possession de Bergame et de Brescia. Il y avait à ce moment dans le peuple une tristesse et une inquiétude générales. Aussi la nouvelle de la victoire remportée sur les Turcs, quoiqu'elle eût coûté cher, fut-elle reçue avec enthousiasme. On fit des réjouissances publiques, et pour honorer la mémoire des morts, le sénat décréta qu'on prononcerait leur oraison funèbre.

C'était un beau sujet que l'éloge de ces hommes qui venaient de perdre la vie dans une guerre lointaine, en combattant pour la gloire et pour la fortune menacées de leur pays: il tenta le patriotisme de Paruta. Il y avait là d'ailleurs une réminiscence de la Grèce qui plaisait à cet esprit, nourri de souvenirs antiques. Périclès avait loué publiquement les citoyens morts dans la guerre du Péloponèse. Le 19 octobre 1572, Paruta monta en chaire dans l'église de Saint-Marc, et prononça, devant le Sénat et devant le peuple, une oraison funèbre qu'il ne publia pas, mais qui nous a été conservée par Pierre Basadonna (1), l'un des plus éloquents orateurs de ce temps.

Deux ans après, malgré la victoire des Curzolaires,

(1) *Francesco Sansovino, delle orazioni volgarmente scritte da diversi uomini illustri.* Lyon, 1741, t. I, p. 295.

Venise fut obligée de conclure avec les Turcs une paix désavantageuse. Il fallut céder Chypre, le poste le plus avancé de la République en Orient, et l'un des entrepôts de son commerce. C'était une cruelle humiliation pour l'orgueil vénitien. Ceux qui ne songeaient qu'à la gloire s'en indignaient. Les alliés de Venise et le pape surtout, reprochaient à la République d'avoir terminé seule une guerre commencée en commun. Mais Paruta, pénétré des véritables intérêts de son pays qui supportait presque seul les frais et le poids de la lutte, fit paraître une éloquente justification (1) du Sénat, et, pour trancher définitivement la question, raconta en trois livres l'histoire de la guerre de Chypre.

Ainsi, sans prendre part aux affaires publiques, il n'y restait point indifférent. La politique n'était pas pour lui une science purement spéculative : il l'étudiait pour s'en servir et pour en tirer des enseignements utiles à sa patrie. Il crut que, dans des jours d'épreuve, il appartenait à un citoyen respecté de défendre publiquement les décrets du Sénat. Ce fut de sa part un acte de courage et de raison : il risquait sa popularité ; mais il prêtait au gouvernement de Venise un appui qui ne doit jamais manquer au pouvoir, quand il s'agit du salut public.

Il allait bientôt rendre à son pays de plus remarquables services. Sa réputation de sagesse et d'habileté était déjà établie : un livre qu'il fit paraître en 1579, la *Perfection de la vie politique*, y mit le comble. On vit que cet orateur et ce philosophe, qui n'avait rempli encore aucune fonction, avait consacré ses loisirs à méditer sur les devoirs du citoyen, et approfondi les plus graves questions d'intérêt public. Ce que l'expérience apprend à d'autres,

(1) *Giustificazione de' signori Veneziani per la pace ultimamente conclusa con il Turco.*

l'étude le lui avait appris. Aussi, l'année même où parut la *Perfection de la vie politique*, fut-il nommé historiographe de la République, et, l'année d'après, il fit son entrée aux affaires.

Il débuta par être provéditeur à la chambre *degl' Imprestiti* (1), ce qui lui donnait accès au Sénat, mais sans le droit de voter. Les années suivantes furent marquées par de nouvelles dignités, jusqu'en 1588 où il fut élu membre de la junte des soixante. Dans ces diverses fonctions il fit preuve d'une fermeté et d'une sagacité qui lui acquirent sur ses collègues l'influence qu'il avait exercée dans sa jeunesse sur ses condisciples. Des manières affables et une grande aménité le rendaient propre en même temps aux négociations les plus délicates. Le Sénat jugea bientôt que personne mieux que lui ne représenterait Venise auprès des souverains étrangers. Il fut d'abord chargé de régler quelques différends de territoire entre la République et l'archiduc Ferdinand d'Autriche, puis, après une courte préfecture à Brescia, nommé ambassadeur auprès du pape Clément VIII.

La cour de Rome était renommée pour la dextérité de sa politique. Aussi les différents États d'Italie, qui avaient tous quelque chose à espérer ou à craindre d'elle, envoyaient-ils auprès du pape les hommes les plus habiles, pour y représenter leurs intérêts. Le choix que le Sénat de Venise avait fait de Paruta, pour cette délicate mission, indiquait la confiance qu'inspirait son talent. Il ne trompa point l'attente publique. Sans rien céder des droits de son pays, et sans employer aucun de ces honteux moyens que la politique autorisait alors, il se montra bientôt supérieur aux envoyés des autres États,

(1) Apostolo Zeno, 1718. *Vita di Paruta.*

et pénétra plus avant qu'aucun d'eux dans la confiance du souverain pontife.

Il y avait à cette époque une vieille querelle pendante entre la République et le saint-siége, à propos de la petite ville de Cénéda, située sur les confins de la marche Trévisane. L'évêque de cette ville s'était proclamé indépendant, sous la protection de l'autorité pontificale, et avait porté ainsi la plus grave atteinte aux droits anciens et incontestables de Venise, sa suzeraine. La cour de Rome, voyant un conflit entre un pouvoir séculier et un prince de l'Église, prenait naturellement parti pour ce dernier. Il ne lui était pas d'ailleurs indifférent de recevoir l'hommage de nouveaux sujets et d'agrandir sa puissance temporelle. Mais le Sénat n'abandonnait nullement ses prétentions sur Céneda, et menaçait même d'employer la force pour ramener l'évêque rebelle à l'obéissance.

Au moment où Paruta fut envoyé à Rome, les esprits étaient aigris, et une rupture paraissait imminente entre Venise et le saint-siége. La prudence et la modération ferme de l'ambassadeur rétablirent la paix. Très-mal accueilli d'abord par Clément VIII, que les menaces du Sénat avaient fort irrité, il laissa passer l'orage, gagna du temps, et choisit l'instant favorable pour montrer au souverain pontife que le gouvernement de la République avait agi avec une extrême déférence pour les droits du saint-siége, mais qu'il ne pouvait cependant se laisser dépouiller, même au profit de l'Église, de ce qui lui appartenait. Il protesta si vivement du désir qu'avait le Sénat de rester en bonne intelligence avec la cour de Rome, que le pape se laissa convaincre, et lui sut gré d'avoir empêché une rupture entre les deux États.

Depuis ce temps, l'influence de Paruta grandit sans

cesse ; Clément VIII le consulta dans toutes les affaires graves, et suivit souvent ses conseils. L'ambassadeur vénitien contribua plus que personne à la réconciliation du pape et du roi de France, Henri IV. Cette difficile négociation mérite d'être racontée : elle appartient presque à l'histoire de France. Malgré l'abjuration solennelle de Henri IV, le saint-siége avait refusé de le reconnaître comme roi catholique et de recevoir ses ambassadeurs. On découvrait dans cette rigueur l'influence de la politique espagnole qui dominait à Rome, par la peur qu'elle inspirait. Le pape, quoiqu'il fût, au fond du cœur, disposé à pardonner, n'osait résister aux injonctions presque menaçantes d'une puissance catholique. Il écoutait cependant sans défaveur les conseils des gouvernements de Venise et de Toscane qui, par haine des Espagnols, avaient pris le parti de Henri IV. Il était évident alors, pour tous les politiques italiens, que ce n'était plus, comme au temps de Louis XII et de François Ier, la France qu'il fallait craindre, mais l'ambition démesurée et la puissance toujours croissante de la maison d'Autriche. La conduite de la cour de Rome était donc souverainement impolitique ; mais elle avait encore un autre danger. Pendant qu'on maintenait l'excommunication lancée contre le roi de France, celui-ci avait reconquis son royaume et chassé les Espagnols. Les grands corps de l'État lui avaient juré fidélité, et se montraient disposés à soutenir énergiquement son pouvoir. Les parlements, si indépendants en France, s'indignaient que le saint-siége pût hésiter à reconnaître un prince qui, après avoir mis fin aux guerres civiles, venait d'embrasser solennellement la religion catholique. Que demandait de plus le chef de l'Église? Avait-il le droit de mettre en doute la sincérité de l'abjuration ? On conseillait hautement au roi de France de ne pas solliciter plus longtemps l'absolution du pape. Il lui suffisait, disait-on, d'être absous par un prélat français.

Cependant, avant de recourir à cette extrémité, Henri IV, qui tenait à prendre aux yeux de l'Europe le titre de roi catholique, voulut tenter un dernier effort, et chargea d'une mission en Italie Davy du Perron, évêque d'Évreux. La correspondance des ambassadeurs vénitiens, publiée récemment, nous a révélé les rapports intimes de la cour de France et de Venise. La République avait d'ailleurs, comme nous l'avons vu, le plus grand intérêt à prendre le parti de Henri IV contre l'Espagne. Aussi ne s'étonnera-t-on point que l'envoyé du roi se soit d'abord rendu à Venise pour exposer sa mission au Sénat, et lui demander d'appuyer ses réclamations auprès du saint-siége.

Depuis longtemps, Paruta cherchait à faire valoir la politique de son gouvernement, et se servait de son crédit sur l'esprit de Clément VIII pour le disposer à une réconciliation. Mais il reçut à ce moment l'ordre formel de se concerter avec l'évêque d'Évreux, et d'exiger du pape une réponse définitive. Il fallait agir avec vigueur. Le difficile était d'échapper à de nouveaux ajournements. Le pape avait peur de se prononcer, et redoutait par-dessus tout de prendre une résolution. De plus, l'Espagne comptait de nombreux partisans parmi les cardinaux, et les jésuites lui étaient dévoués.

Mais l'ambassadeur vénitien ne recula pas devant les obstacles, et si la négociation réussit, sans méconnaître le talent de l'évêque d'Évreux, c'est surtout à l'habileté de Paruta qu'il convient de l'attribuer. Celui-ci, outre son éloquence naturelle et l'influence qu'il exerçait sur l'esprit de Clément VIII, avait l'avantage de ne pas défendre sa propre cause et de donner des conseils en apparence désintéressés. Il lui était plus facile qu'à l'envoyé du roi de France, de faire valoir des raisons qui, présentées directement, eussent ressemblé à une menace. L'histoire nous a conservé le discours qu'il prononça en cette occasion (1). Le style en est singulièrement pressant et vigoureux, et les pensées s'y enchaînent si bien et si fortement qu'il semble impossible de les exprimer en d'autres termes et dans un autre ordre.

Il représenta au souverain pontife combien il importait de faire rentrer dans le sein de l'Église un roi si brave, si clément, si heureux, si plein de grandes qualités. D'ailleurs n'était-on pas sûr de sa bonne foi? Était-ce, par un motif politique et pour gagner des partisans, qu'il avait demandé l'absolution? Avant de faire sa soumission au saint-siége, n'était-il pas déjà maître de tout son royaume? Les grands et les rebelles ne lui avaient-ils pas juré fidélité? La ligue n'était-elle pas détruite? Fallait-il le réduire au désespoir et fournir une arme à ceux qui cherchaient depuis si longtemps à détacher l'Église gallicane de l'Église romaine? L'exemple de l'Angleterre et de la Flandre montrait assez quelle pouvait être la funeste issue de ces discordes.

C'était toucher le point délicat, celui sur lequel le cardinal du Perron n'eût pu insister aussi librement. Il y avait, en effet, un danger sérieux pour l'Église à lasser la patience de Henri IV. Nous avons dit quels étaient les dispositions des parlements et le sentiment public en France.

Après cet argument d'un si grand poids, Paruta finit par invoquer l'intérêt de l'Italie, qui avait toujours été

(1) Antonio Mocenigo. *Historiarum*. Lib. xv.

cher aux papes. La France, puissance catholique et guerrière, n'était-elle pas sa plus sûre alliée et son meilleur rempart? Il conseillait ainsi la politique la plus sage et flattait le secret penchant du souverain pontife, qui, comme ses prédécesseurs, était jaloux d'assurer l'indépendance de la péninsule. Le discours de l'ambassadeur vénitien eut un plein succès. Bien peu de jours après, les cardinaux d'Ossat et du Perron recevaient, en grande pompe, l'absolution au nom du roi de France (1).

La mission de Paruta finit avec cette négociation si heureusement conduite. Il revint à Venise, où, suivant l'usage, il rendit compte au Sénat de ce qu'il avait fait. La relation de son ambassade (2) fut publiée, comme l'exigeaient les lois de la République, et déposée dans les archives (3). On y trouve de curieux renseignements sur l'administration intérieure des États pontificaux qui semble à Paruta pleine de désordres. Il s'étonne que les deux ports, si bien situés, de Civita-Vecchia et d'Ancône, ne soient pas devenus des entrepôts de commerce, et surtout qu'une terre si fertile ne soit habitée que par un peuple pauvre et misérable. Il se demande ce qu'est

(1) Venise fut la seule alliée du roi de France en cette occasion. Le grand-duc de Toscane, qui avait d'abord pris le parti de Henri IV, craignant d'irriter les Espagnols, ordonna à son ambassadeur de ne plus se mêler ostensiblement du débat, et ce fut, ajoute l'historien du grand-duché de Toscane, l'ambassadeur de Venise, qui en décida le succès par sa vigueur. — Galluzzi. *Istoria del Granducato di Toscana.* Lib. v, c. 5.

(2) *Relazione dell' Ambasciata di Roma*, opere politiche di P. Paruta, t. II. Firenze, 1852.

(3) Chaque ambassadeur de la République de Venise devait, au retour de son ambassade, faire un rapport verbal et une relation écrite de ce qu'il avait vu. Cette relation, déposée aux archives, devenait un document public de la plus haute importance. Elle donnait au gouvernement des notions précises sur les forces, la richesse, le commerce des différents États, sur le caractère et les qualités des princes qui les gouvernaient. C'était un recueil d'instructions à l'usage des diplomates et des hommes politiques. — Foscarini. *Della letteratura Veneziana*, p. 460.

devenu l'art de la guerre dans un pays si renommé autrefois pour la valeur de ses habitants. Comment Rome ne produit-elle plus ni soldats ni marins? Tous ces malheurs, Paruta les attribue à l'incurie du gouvernement et à la dilapidation des finances qu'il tolère. C'est une peinture triste, mais non exagérée, de la misère du peuple romain. Tous ceux qui ont visité l'Italie trouveront que bien des traits du tableau sont vrais, même aujourd'hui. Paruta conseille cependant à la République de rester l'alliée du pape, à cause de l'influence que lui donne son pouvoir spirituel. Elle a besoin de lui et contre les Turcs et contre les Espagnols, ses deux grands ennemis.

Mais la politique n'avait point été, à Rome, la seule occupation de Paruta. Pendant son séjour dans la capitale du monde chrétien, il avait beaucoup réfléchi sur la religion et sur les devoirs qu'elle impose. Était-ce l'influence des lieux ou simplement une disposition plus contemplative de cet esprit sérieux, naturellement porté aux idées graves? Au milieu des hommes qui l'entouraient, et dans cette haute position qu'il avait élevée encore par son mérite, il se sentit pris d'un profond dégoût de la gloire et du monde. De telles pensées, dangereuses pour les âmes faibles, parce qu'elles les détournent de l'activité, fortifient les âmes fortes. Elles ne décidèrent point Paruta à renoncer aux affaires; mais elles lui permirent de les traiter en toute liberté d'esprit, sans aucune préoccupation de vanité ni d'intérêt. Cette philosophie chrétienne le détacha de l'ambition, sans affaiblir ni son amour pour son pays ni son goût pour les études politiques. C'est sous l'influence de ces idées religieuses qu'il écrivit le soliloque ou l'examen de sa vie entière. Il y passe en revue toutes ses actions et s'accuse de ses fautes avec une profonde humilité. Il avoue qu'il a trop aimé la gloire; mais, à l'âge où il est arrivé, c'est la vertu seule qui le touche, et c'est en Dieu qu'il a mis tout son espoir : ce qui ne l'empêche pas, comme nous l'avons vu, de remplir ses devoirs de citoyen, car il n'est pas de ces hommes chez qui la religion ne produit qu'un mysticisme stérile. Sa vertu est active et militante; il a le dégoût du monde, mais non la pensée d'y vivre inutile.

Ce retour que Paruta fait sur lui-même, au milieu de travaux qui semblent l'occuper tout entier, indique la persévérance de ses sentiments religieux. Il avait donc conservé la foi. On peut le croire sincère, quand il invoque la religion dans ses ouvrages Le catholicisme n'est pas pour lui, comme pour tant d'autres, un instrument politique, un moyen de gouvernement : c'est une croyance.

On pense qu'après son ambassade à Rome, Paruta, revenu dans sa patrie, mit la dernière main à ses *Discours politiques*, et travailla à l'*Histoire de Venise*. En 1596, il fut élevé à la dignité de procurateur de Saint-Marc, la plus haute charge de la République après celle de doge. C'était la juste récompense de ses services; mais il n'en jouit pas longtemps. Il mourut en 1598, à l'âge de cinquante-huit ans, au moment où le Sénat venait de le choisir pour aller complimenter Philippe III sur son avénement au trône.

Venise a toujours eu le culte des grands citoyens : on a conservé dans le palais des doges les portraits des magistrats et des hommes célèbres de la République. Celui de Paruta a sa place dans la première salle des procurateurs *de ultra*, et j'ai vu son buste en marbre sur la porte principale de l'église San-Spirito, où il est enterré. Sans vouloir retrouver, comme on le fait trop souvent aujourd'hui, avec plus de recherche que de vérité, dans l'expression de la physionomie toutes les qualités de l'écrivain, je fus frappé de la gravité et de la noblesse de ce visage, qui s'accordent si bien avec le caractère général des œuvres de Paruta.

Telle fut la vie de l'homme dont je me suis proposé d'étudier les œuvres, vie calme, mais pleine et dévouée à de grands devoirs. Elle n'offre point l'intérêt dramatique qui s'attache à quelques existences aventureuses de ce siècle si agité; mais on n'y trouve rien qui n'inspire le respect : de longues et fortes études, des travaux politiques, des charges publiques dignement remplies; une réputation d'habileté, de prudence et de fermeté, qui s'établit de bonne heure, et qui s'accroît jusqu'au dernier jour; la dignité du caractère, soutenu par l'élévation du talent, et une gloire durable qui survit à la mort. Peu d'hommes de ce temps ont mieux vécu et laissé un nom aussi pur. Italien et politique, vivant à une époque où la mauvaise foi ultramontaine était célèbre, et où le crime passait pour le meilleur argument des gens habiles, il ne conseille ni n'applique aucune de ces maximes immorales que ses compatriotes avaient mises en honneur, et il mérite d'être appelé, de son vivant même, l'Aristide vénitien (1).

Cette vertu, si généralement reconnue, et qui est le trait distinctif de son caractère, donne une plus grande sécurité au critique qui veut lire et apprécier ses œuvres. Il n'y a point ici une contradiction pénible à remarquer entre les actes de l'homme et les opinions de l'écrivain. Le sentiment qui inspire Paruta n'est pas douteux. On

(1) Lorenzo Crasso. *Elogii d'uomini letterati.* Venezia, 1648, t. I, p. 97.

n'est point obligé, comme il arrive trop souvent, de faire dans ses écrits la part de l'artifice oratoire et de se mettre en défiance contre des pensées démenties par la conduite. Ce qu'il conseille, il l'a pratiqué lui-même dans l'occurrence, et il l'eût fait toujours si la fortune l'eût appelé à un plus grand rôle politique. La bonne foi de l'auteur donne aux œuvres un accent de sincérité qui plaît et qui devient presque un mérite littéraire.

Il n'était donc point inutile de raconter la vie de Pàruta avant de parler de ses écrits, puisqu'en connaissant l'une on apprend à mieux juger les autres.

Mais, malgré le secours de la biographie, on n'aurait qu'une idée incomplète du rôle qu'il a joué et de la place qui lui appartient parmi les écrivains de sa nation, si on ne savait quels ont été ses prédécesseurs dans un genre si populaire en Italie, et quelles étaient les opinions politiques accréditées de son temps. Il faut, pour le faire bien juger, le montrer au milieu des publicistes italiens du seizième siècle.

CHAPITRE II.

DES ÉCRIVAINS POLITIQUES D'ITALIE, ANTÉRIEURS A PARUTA.

On a dit que les Italiens avaient donné aux autres nations de l'Europe les premiers modèles de dissertations politiques (1). Mais ce n'est point là un fait isolé ; il se rattache au grand mouvement de la renaissance des lettres en Italie. Au moment où la grammaire, l'éloquence, la théologie, la philosophie, toutes les sciences recevaient un nouveau développement, il était impossible que la politique, cette science de gouverner les hommes, ne fût pas l'objet de sérieuses études. On lisait dans les écoles les philosophes de l'antiquité; Aristote, Platon, Cicéron étaient dans toutes les mains. Les historiens, Thucydide, Polybe, Tite-Live et Tacite n'étaient pas moins populaires. A force de méditer sur les faits et d'étudier la marche des gouvernements anciens, ne devait-on pas entrevoir des idées nouvelles, des points de comparaison entre le passé et le présent, et se demander s'il n'y avait pas dans la politique grecque ou romaine quelques maximes applicables aux États modernes ?

(1) « Institutum dissertationum politicarum ab Italis ad alias gentes transiit. » *Henrici Bœcleri Dissertatio ad Lipsii Politica*, p. 73.

Il y avait d'ailleurs une raison historique pour que la politique fût étudiée de bonne heure en Italie. Aucune contrée, excepté la Grèce antique, n'avait été plus morcelée et n'offrait, dans un étroit espace, plus de modèles de gouvernements différents. Les républiques, les monarchies et surtout les tyrannies s'y étaient multipliées au moyen âge. Presque toutes les villes avaient eu leurs jours d'indépendance et leur constitution ; il y en avait même bien peu qui n'eussent, à diverses reprises, changé de régime et fait l'épreuve des formes de gouvernement les plus opposées. Au milieu de ces changements continuels, et dans ce désordre que l'invasion étrangère augmentait encore, tous ceux qui aimaient leur pays et qu'attristait le spectacle de ses malheurs devaient naturellement en rechercher les causes et essayer d'y porter remède.

Chaque État avait son histoire ; on avait pu étudier de près les vices des constitutions et mesurer l'étendue du mal qu'elles avaient produit. Ce qu'il y a de bon et de mauvais dans chaque système politique s'était révélé. L'expérience du passé pouvait être la leçon de l'avenir. Les destinées des États étaient d'ailleurs aussi différentes que leurs gouvernements. Quoique aucun d'eux n'eût échappé aux calamités qui avaient pesé sur l'Italie, ils n'en avaient point tous également souffert. Les uns, sans cesse troublés par des dissensions intestines, avaient consumé en luttes stériles des forces qui, bien employées, eussent fait leur grandeur ; les autres, entraînés par l'ambition dans les guerres les plus désastreuses, y avaient perdu une puissance acquise dans des temps plus heureux et par une politique plus sage ; d'autres enfin, mais en petit nombre, étaient encore florissants, malgré des revers, et vivaient dans une paix sage qu'aucun désordre intérieur ne venait altérer.

Il était naturel qu'en voyant les destinées si diverses des États italiens, on attribuât leurs malheurs ou leur heureuse fortune aux lois qui les gouvernaient plus encore qu'aux événements. Les mêmes causes avaient produit presque partout les mêmes effets. Ne fallait-il pas condamner absolument et sans retour les institutions qui, en différents lieux et à des époques diverses, n'avaient amené que des malheurs? D'autres principes de gouvernement n'étaient-ils pas justifiés au contraire par un succès constant et presque général ? En ne tenant compte que de l'expérience, que de leçons à tirer des faits!

C'est ce que comprit Machiavel, le véritable fondateur de la science politique en Italie. Ce grand esprit, qui avait une profonde connaissance de l'antiquité et de l'histoire de son temps, s'inspira de l'une et de l'autre; mais il ne se servit de la première que pour éclairer la seconde. Tite-Live lui fournit des arguments à l'appui de ses conseils. Ce qui le préoccupe avant tout, c'est de confirmer par des exemples les principes qu'il défend. Ses théories n'ont rien de spéculatif ni d'abstrait; il a un but pratique qu'il ne déguise pas; il veut apprendre à ses concitoyens quelle est la meilleure politique, et, pour faire prévaloir ses opinions, rien ne lui paraît plus décisif que le tableau des événements et l'étude des causes qui les ont produits.

On a ingénieusement commenté en France et en Italie la politique de Machiavel. On a voulu deviner, sous un texte très-clair, des intentions qui le sont beaucoup moins. Quelques critiques n'ont pu se décider à prendre au mot un homme de génie qui fait si bon marché de tous les principes de justice et de morale. Ils ont vu dans le livre du *Prince* un piége pour les tyrans, et il leur a paru naturel d'attribuer à celui qui a donné son nom à la politique du crime une arrière-pensée machiavélique. Mais il y a beaucoup de subtilité dans de telles hypothèses; il faut prendre les livres pour ce qu'ils sont, et non pour ce qu'on désire ou ce qu'on suppose dans la pensée de l'auteur.

En réalité, Machiavel nous apparaît aujourd'hui comme le plus éloquent avocat d'une politique condamnable : il développe la théorie du succès et la justifie par des exemples. C'est là son caractère distinctif parmi les politiques italiens. Nous devons, pour être justes, lui tenir compte du temps où il écrivait et des révolutions dont il avait été témoin. On voit, d'après son témoignage même, que les événements ont eu sur ses opinions la plus grande influence.

Chez les Grecs, quand Aristote et Platon exposaient leurs doctrines, malgré les excès du gouvernement populaire, il y avait dans les âmes un profond sentiment du juste et de l'injuste. On faisait le mal souvent, mais on ne se trompait pas sur le bien. Les philosophes, dans leurs systèmes, aspiraient à une perfection morale que le peuple savait comprendre et dont il avait lui-même un vague désir. On a dit souvent que les grands hommes agissent sur leur siècle, mais leur siècle n'agit pas moins sur eux. Ne méconnaissons pas cette double influence. Machiavel n'eût point écrit le *Prince* à Athènes, au temps où vivait Socrate, de même que Platon n'eût pas composé la *République* en Italie, à la cour de César Borgia. Le génie de Machiavel le portait sans doute à faire plus de cas de l'expérience que des principes. Mais, faut-il s'étonner que les notions du bien et du mal aient été singulièrement confondues, à une époque et dans un pays où les princes et les États libres rivalisaient entre eux d'ambition, de cruauté et de perfidie? Machiavel avait été mêlé de trop près aux affaires, et il avait l'esprit trop pénétrant, pour ne pas voir qu'en définitive l'avantage reste souvent au plus habile, aux dépens du plus honnête. Son tort, que nous ne diminuons pas, fut d'accepter le mal au lieu de le combattre. Mais il ne fit que développer, avec une force de logique et une sagacité dignes d'une meilleure cause, les doctrines des hommes d'État italiens, qu'il avait vus à l'œuvre. Son siècle fut le complice et l'instigateur de ses écrits.

Ainsi la science de la politique devait naître en Italie de l'observation des faits politiques, qui ne se présentaient nulle part aussi nombreux ni aussi divers. Ni la France, ni l'Angleterre, ni l'Espagne, pays monarchiques et déjà fortement organisés, n'eussent offert à l'observateur attentif les mêmes sujets d'études. Le gouvernement y était trop uniforme pour qu'on pût en tirer quelques lumières nouvelles sur l'art de gouverner. En Italie, au contraire, tout avait été essayé, et il n'était pas un système politique qui n'eût fait ses preuves. D'ailleurs, depuis longtemps, les plus graves questions se débattaient dans la Péninsule; elle était le champ de bataille des armées et des idées de l'Europe. Les souverains, qui s'en disputaient la possession, y luttaient d'influence et d'habileté. Aucun pays n'était mieux préparé à produire des écrivains politiques. La liberté dont on jouissait, malgré des alternatives de gouvernement populaire et de tyrannie, dans la plupart des États italiens, contribuait aussi à favoriser le développement d'une science qui ne peut exister sans elle.

Aussi Machiavel eut-il bientôt des imitateurs. Il avait ouvert la voie; on l'y suivit. Deux États surtout devaient alors attirer l'attention des hommes politiques:

c'étaient les Républiques de Florence et de Venise qui représentaient avec un grand éclat deux principes différents. Machiavel s'était occupé de Florence. Mais le gouvernement de Venise devait être, à son tour, sérieusement étudié. Là plus qu'ailleurs se conservaient des traditions politiques dont la noblesse était dépositaire : presque seule parmi les Républiques italiennes, Venise avait échappé aux discordes civiles et à l'invasion étrangère par la sagesse et la fixité de ses institutions. Pendant qu'autour d'elle tout se renouvelait si rapidement, elle seule n'avait pas changé. On comprend l'orgueil qu'inspirait aux Vénitiens le spectacle de leur pays tranquille, au milieu de l'Italie bouleversée. Aussi n'en parlent-ils pas sans enthousiasme, et bien des livres écrits sur le gouvernement vénitien n'en sont que le panégyrique (1).

Mais des étrangers même devaient s'intéresser à une constitution qui paraissait assurer la prospérité d'un grand État. Le premier ouvrage politique de quelque importance qui ait paru après Machiavel fut précisément un traité sur la République et les magistrats de Venise, composé par le Florentin Giannotti, exilé de son pays (2). Le gouvernement vénitien lui inspire une admiration qu'augmente encore le souvenir des malheurs de Florence. Il l'examine cependant avec le calme d'un étranger qu'aucun préjugé patriotique n'empêche de voir la vérité. Il en connaît et il en signale les défauts; mais il espère que, ramené à ses véritables principes, il de-

(1) Je citerai entre autres les écrits de Paul et Dominique Morosini (*Foscarini, Letteratura Veneziana*), p. 326, et l'ouvrage de Lucio Durantino sur *la meilleure forme de République*. Venise, 1522.

(2) *Della Repubblica e magistrati di Venezia*. Ragionamento di M. Donato Giannotti Fiorentino. Roma, 1541; Lyon, 1570.

viendra le modèle de tous les États italiens. Pour montrer à ses compatriotes combien la forme du gouvernement influe sur le bonheur des peuples, il met en regard du tableau qu'il avait tracé de Venise le récit des guerres civiles de Florence (1).

Les ouvrages de Giannotti, comme ceux de Machiavel, ont un but pratique : ce sont des conseils adressés à Florence et à l'Italie entière. Seulement la morale n'y est point sacrifiée comme dans le *Prince*. Quoique l'auteur ne se livre à aucune considération philosophique, il a le respect du droit et des lois divines et humaines. Il n'entre point dans les détours de la politique habile. Un gouvernement plus fort, des lois en harmonie avec la constitution, une connaissance plus générale des affaires et des intérêts de la patrie : voila ce qu'il souhaite à ses compatriotes. La sagesse, l'expérience, le patriotisme, lui paraissent de meilleures armes que la violence et la perfidie.

La politique, avec Giannotti, sort déjà des voies odieuses où l'avait engagée Machiavel. Elle n'est point encore morale, parce qu'elle ne fait pas de la justice la première condition des gouvernements; elle s'occupe des intérêts beaucoup plus que des droits, mais elle ne conseille rien qui doive révolter une âme loyale, rien qui porte atteinte aux principes sacrés de la vertu.

L'élan était donné, le mouvement général du siècle seconde singulièrement l'activité des esprits qui se tournent vers la politique. Les traités, les dissertations sur gouvernements anciens et modernes se multiplient. Scipion Ammirato, Hubert Foglietta, Sébastien Érizzo, Barthélemi Cavalcanti, François Sansovini, Cyriaco

(1) D. Giannotti. *Della Repubblica Fiorentina*. Venezia, 1721.

Strozzi, Jean Botero, publient des travaux importants. C'est à Venise que se remarque la plus grande ardeur; c'est là que paraissent les principaux ouvrages. La liberté qu'elle accorde aux écrivains, l'admiration qu'inspire son gouvernement, et les traditions qui se conservent dans la noblesse, y rendent populaire la science de la politique (1).

Mais de tous les écrivains politiques qu'elle produit à cette époque, le plus illustre est assurément Paruta. Il a un caractère à part parmi ses contemporains. Il se prononce avec force contre la théorie de Machiavel, il revendique les droits de la morale et il montre enfin que, malgré les fausses doctrines du *Prince*, on peut être habile et honnête. On était tenté de croire que Machiavel avait dit le dernier mot sur bien des questions. Ses maximes avaient fait fortune. Elles s'accordaient avec le relâchement général des mœurs. L'art avec lequel il les avait présentées les rendait d'ailleurs séduisantes. Rien n'est plus dangereux qu'une politique criminelle, soutenue par un grand esprit. Il prête à ses doctrines tout le prestige de son talent. Ceux même qui ne les approuvent point ne peuvent faire prévaloir leur opinion, parce qu'en se montrant plus scrupuleux, ils paraissent moins habiles. Aussi personne, depuis Machiavel, n'avait-il fait autorité. On évitait de se rencontrer sur le même terrain que lui pour n'avoir ni à le combattre ni à l'approuver.

Giannotti n'avait rien dit de la morale. Paruta fut le

(1) Les académiciens de la *Fama* se proposaient, à cette époque, de donner une analyse complète du gouvernement des quatre Républiques italiennes, de Venise, de Florence, de Gênes et de Pise; ils voulaient en fixer les origines, en suivre les progrès et en déterminer la puissance. Par malheur cette Académie ne subsista pas longtemps, et ses utiles projets disparurent avec elle. — Foscarini. *Letteratura Veneziana*, lib. III, p. 330. — Ginguené. *Histoire littéraire d'Italie*, ch. 32, sect. 3.

premier qui, par son traité de la *Perfection de la vie politique*, remit en honneur les saines doctrines. Sans attaquer ouvertement Machiavel, sans prononcer son nom, il s'appuie sur des principes contraires à ceux du *Prince*, et il déclare sans hésitation que la vie politique ne doit être que l'exercice de toutes les vertus. Pour faire accepter une opinion qui pouvait paraître étrange après tant de sophismes, il fallait la soutenir par les plus fortes raisons. Il ne suffisait pas de poser un principe philosophique et d'en tirer les conséquences ; on n'eût pas manqué de réclamer, au nom de l'expérience, contre une théorie absolue et purement spéculative. De tels conseils eussent paru tout d'abord impraticables, s'ils n'avaient été justifiés par des exemples. Mais Paruta n'était point un esprit chimérique. Profondément versé dans la connaissance de l'antiquité, il se sert, comme Machiavel, d'arguments tirés de l'histoire, et il lui emprunte sa méthode qui est excellente pour combattre ses idées qui sont fausses.

Ce ne fut pas assurément un mérite insignifiant que d'avoir prouvé le premier aux Italiens que les faits historiques ne condamnent pas la politique honnête à l'impuissance, et que le succès n'est pas toujours du parti de l'improbité. La morale avait grand besoin alors d'être défendue. D'autres écrivains italiens, et surtout Botero, ont entrepris, peu temps après, une réfutation en règle des doctrines de Machiavel, mais sans faire oublier Paruta. Il reste à celui-ci l'honneur d'avoir ouvert la voie. D'ailleurs, il ne se propose pas le même but que ceux qui l'ont suivi. Ses opinions sur l'alliance de la politique et de la morale n'ont jamais la forme d'une attaque et ne se traduisent point par une polémique passionnée contre un système qui n'est pas le sien. Il écrit avec calme, en toute liberté d'esprit, sur une matière qu'il a longuement étudiée. Ses maîtres en politique sont les philosophes de l'antiquité, Platon, Aristote, Cicéron, dont il invoque souvent le témoignage. Il complète les doctrines qu'il leur emprunte par la morale du christianisme, et il appuie ses raisonnements sur des exemples. S'il arrive à des conclusions complétement opposées à celles de Machiavel, c'est en quelque sorte sans préméditation et par l'ordre naturel de ses idées. Le traité de la *Perfection de la vie politique* ne ressemble pas à une réfutation du *Prince*, mais on ne peut s'empêcher de comparer les opinions des deux écrivains, et les Italiens du temps ne devaient pas s'y méprendre.

En rompant avec l'école de Machiavel, Paruta jouait le rôle d'un novateur. Il y avait quelque hardiesse à se mesurer ainsi, même sans chercher la comparaison, avec un si rude adversaire. L'écrivain vénitien semble n'avoir pas songé à ce danger; il sait la bonté de sa cause, et il ne se préoccupe pas du succès qu'elle peut obtenir. Quoi qu'il arrive, il a rempli un devoir, il a éclairé ses compatriotes sur ce qu'il regarde comme la vraie politique. Il a d'ailleurs l'esprit libre et dégagé de toute superstition. L'autorité d'un grand nom ne lui fait pas illusion sur la valeur des idées; il les examine avec une parfaite indépendance, et ne les accepte qu'autant qu'elles sont justes.

Mais ce n'est point seulement dans ses considérations philosophiques qu'il est l'adversaire de Machiavel. Il ose avoir, sur des questions exclusivement politiques et quand il s'agit de faits où la morale n'est point engagée, une opinion différente. Il ne souscrit pas à tout ce qu'a dit Machiavel sur les Républiques anciennes et sur les États modernes, et il revise, avec une grande apparence de raison, quelques-uns de ses jugements. Dans les *Discours politiques*, où Paruta étudie le gouvernement de Rome, explique les faits principaux de l'histoire romaine et jette un coup d'œil sur quelques événements de l'histoire moderne, il trouve beaucoup à dire, même après le publiciste florentin, sur un sujet qui paraissait épuisé; il le combat quelquefois avec avantage, et il reste original là où il semblait qu'il n'y eût plus qu'à imiter. Ainsi la place de Paruta est nettement marquée parmi les écrivains politiques du XVIe siècle en Italie. Il a un double rôle; dans la *Perfection de la vie politique*, il rétablit le premier les principes de la morale éternelle, ébranlés par Machiavel; dans les *Discours*, il agrandit le domaine de la science publique par des aperçus nouveaux et profonds sur les gouvernements de l'antiquité et des temps modernes. Son génie, essentiellement original, le distingue de tous ses contemporains; il ne relève d'aucune école; il n'imite personne et personne ne l'imite; enfin, dans ce siècle, si fécond en écrivains politiques, qui a produit Giannotti, Scipion Ammirato et Botero, il ne le cède qu'à Machiavel.

Il a aussi une grande réputation comme historien (1). Ses histoires de Venise et de la guerre de Chypre sont comptées parmi les meilleures qui aient été écrites en Italie; mais je laisse de côté toute la partie historique de ses œuvres, pour me renfermer dans l'étude de ses deux écrits politiques, la *Perfection* et les *Discours*.

(1) « Certamente la storia di Paolo Paruta è di grandissima utilità, e fra i primi e più meritevoli storici di ogni età e di ogni paese annoverare si debbe. » Botta. *Storia d' Italia sino al* 1789, *Prefazione.*

CHAPITRE III.

DE LA PERFECTION DE LA VIE POLITIQUE (1).

Tel est le titre du premier ouvrage politique de Paruta. Il le composa, nous l'avons vu, au retour du voyage qu'il fit en Allemagne, pour accompagner Suriano, ambassadeur de Venise auprès de Maximilien d'Autriche ; mais il le mûrit lentement et ne le publia qu'au bout de quatorze ans, en 1579. Ce n'est point là l'essai d'un jeune homme qui débute dans la carrière; on y sent toute l'expérience et toute la fermeté d'un esprit sûr de lui-même. Le titre un peu ambitieux de l'ouvrage indique la confiance de l'auteur dans ses forces. Il ne s'agit de rien moins, en effet, que de tracer le portrait de l'homme politique, tel qu'il doit être dans les temps modernes : grand et difficile problème auquel se rattachent les plus graves questions de philosophie et d'histoire !

Paruta qui, dans sa retraite, lisait assidûment les philosophes de l'antiquité, donne à sa pensée un cadre antique. Il la présente sous la forme d'un dialogue (2)

(1) *Opere politiche di Paolo Paruta.* Firenze, 1852, t. I.

(2) La forme du dialogue était d'ailleurs fort à la mode en Italie. Avant Paruta, son compatriote Bembo, Castiglione, Sperone Speroni, en avaient fait usage avec succès.

qui s'engage entre les politiques vénitiens, réunis à Trente, à l'occasion du concile convoqué par Pie IV. Les interlocuteurs sont des personnages célèbres du temps, Suriano, Dandolo, Nicolo da Ponte, ambassadeurs de la République; Daniel Barbaro, successeur désigné du patriarche d'Aquilée; Philippe Mocenigo, archevêque de Chypre; l'évêque de Cénéda et quelques jeunes gens moins connus. Paruta dit, dans un avant-propos (1), sans doute pour excuser le choix de son titre, et pour donner plus d'autorité à ses opinions, qu'il n'a fait que recueillir les entretiens de ces hommes éminents. Il les avait connus, en effet, et souvent entendus, comme nous l'avons vu, pendant son séjour à Trente. Il leur doit même probablement quelques idées; mais il y a entre eux et lui toute la différence qui sépare le causeur de l'écrivain. Ce qui se dit dans la conversation appartient à tous; l'honneur et la responsabilité des pensées reviennent au premier qui les publie. Ne prenons donc l'aveu de Paruta que pour une précaution oratoire, et, quelle que soit la part qu'y aient prise les politiques vénitiens, jugeons comme une œuvre personnelle un livre signé de son nom. C'est par un artifice analogue que Machiavel, dans son traité de l'art de la guerre, fait parler Fabrizio Colonna, l'un des plus fameux capitaines du temps, et ne se représente que comme le rapporteur fidèle de ses paroles.

Paruta ne pouvait, comme Machiavel, placer ses personnages dans les beaux jardins Ruccellai : le lieu où ils se réunissent est plus modeste. Le dialogue commence par un détail de mœurs tout italien. On est dans le fort de l'été. Les convives de l'ambassadeur Dandolo sortent

(1) Cet avant-propos est adressé à l'évêque de Bellune.

de table, montent l'escalier et se rassemblent dans une chambre grande et fraîche, auprès d'une fenêtre ouverte qui donne sur le nord. C'est l'heure de la sieste et des longues causeries. Comme les esprits sont en éveil, on cause. Entre hommes d'État, la conversation tombe naturellement sur des sujets politiques.

On parle de l'honneur qu'il y a à être chargé de missions importantes et de l'instruction qu'acquièrent les hommes politiques en voyageant dans les pays étrangers. Mais l'évêque de Cénéda, qui a été ambassadeur en France, ne partage pas l'opinion générale. « La vie des cours a toujours été, dit-il, pleine d'ennuis, et tout le temps que l'homme y passe, il le retranche de sa vie (1). » Il préfère de beaucoup le repos dont il jouissait à Cénéda, aux travaux de son ambassade.

Ce ne serait là qu'une maxime d'épicurien, s'il n'ajoutait que nous avons assez à faire de nous occuper de nous-mêmes et du salut de notre âme, sans nous embarrasser d'occupations étrangères. Il compare les politiques à ceux qui font une sortie pendant un siége, et qui laissent les portes de la ville ouvertes à l'ennemi. L'homme, suivant lui, doit se renfermer en lui-même : la vie privée convient mieux à sa destinée que les hasards de la vie politique.

Cette opinion absolue, évidemment exagérée pour les besoins de la thèse, appelle la contradiction. C'est l'ambassadeur Suriano qui se charge d'y répondre et qui se constitue le défenseur des hommes d'État.

Ainsi, dès le début, la discussion s'engage sur le mérite même de la vie politique dont Paruta va essayer de tracer les règles. Il ne veut pas aborder cette difficile

(1) *Della Perfezione della vita Politica*, lib. I, p. 41.

question sans avoir bien établi que l'homme ne peut pas se proposer un plus noble but que de se dévouer aux intérêts de son pays, et que c'est là pour lui le vrai chemin de la vertu et du bonheur. Tel est le sujet de tout le premier livre.

L'auteur, qui met ses opinions dans la bouche de Suriano, ne s'épargne pas les objections. Elles sont présentées avec beaucoup de force par l'évêque de Cénéda d'abord, et ensuite par Foglietta, par Mocenigo et par le jeune Molino, l'un des amis préférés de Paruta.

C'est au nom du bonheur et de la vertu de l'homme que les adversaires de Suriano condamnent la vie politique. Ils rappellent les exigences du peuple, son inconstance, les concessions qu'il faut faire pour se maintenir au pouvoir, et enfin la triste destinée de tant de citoyens illustres qui, après avoir servi leur pays, sont morts dans l'exil ou dans l'oubli. Qu'il est difficile, disent-ils, de conserver la fermeté de sa raison, quand on veut gouverner les hommes ! Que de piéges pour la vertu ! L'ambition peut s'emparer des cœurs les plus honnêtes, et si jamais, comme il arrive souvent, elle devient la maîtresse de l'homme politique, à quelles fautes, à quels excès, à quels crimes ne le conduit-elle pas ! Et quelle récompense obtient-on de tant de périls courus, de tant de sacrifices faits peut-être à l'honneur ? L'ingratitude ou la haine publique, comme l'ont éprouvé Alcibiade, Thémistocle et Pierre de Médicis à Florence. Est-ce la peine de s'exposer à des tentations inévitables et à un malheur presque certain, quand on peut garder sa vertu et assurer son bonheur dans l'obscurité de la vie privée ?

A ces objections vivement présentées, Suriano répond avec calme et comme un homme qui est sûr de défendre la vérité, qu'il ne faut pas accuser la vie politique des défauts ni des bassesses des hommes politiques ; elle ressemble à beaucoup de choses de ce monde dont on abuse, quoiqu'elles ne soient pas condamnables par elles-mêmes. Mais, s'il y a des exemples de crimes, n'y a-t-il pas aussi des exemples de vertus éclatantes et de grands dévouements aux intérêts publics ? En quelles mains, si l'honnête homme se retire, tombera le gouvernement de la cité ? Faut-il la laisser au pouvoir des intrigants et des scélérats ? N'est-ce point un devoir sacré que de servir son pays, en prenant part aux affaires, comme dans un navire, chacun, pendant l'orage, prend part à la manœuvre ? On parle de l'inconstance de la fortune ; on dit qu'elle menace surtout l'homme politique. Mais dans quelle condition est-il possible de lui échapper ? N'a-t-elle pas prise sur nous, sur nos affections, sur nos désirs ? Ceux que les fonctions publiques rendent malheureux ne les ont recherchées que dans leur propre intérêt, et non point avec la pensée d'être utiles à leur pays ; mais ceux qui ne songent qu'au bien de l'État ne seront jamais trompés. La véritable récompense de l'homme politique doit être dans sa conscience et dans le sentiment qu'il a d'avoir rempli un devoir. Pour être vraiment digne de la vie politique, il faut avoir une âme inaccessible à l'ambition et au-dessus des revers de la fortune. Ainsi, sans mépriser ni désirer les honneurs, l'homme peut mener une vie calme, égale en tout à elle-même, éloignée de tous les extrêmes et pleine de cette douce harmonie qui résulte de l'accord de toutes les vertus.

Mais la principale objection à laquelle ait à répondre l'ambassadeur est celle que hasarde le jeune Molino, au nom de la philosophie (1).

(1) *Della Perfezione della vita Politica*, lib. I, p. 60.

Il lui demande de prouver qu'on peut arriver au bonheur au milieu du tumulte des villes et et dans les agitations de la vie active, et qu'il n'est point nécessaire pour être heureux, comme le prétendent les philosophes, de vivre dans la solitude et dans la méditation.

Assurément, répond Suriano, les spéculations philosophiques satisfont un des plus nobles besoins de notre nature ; mais il ne faut pas considérer l'homme comme un pur esprit. Il est composé d'une âme et d'un corps qui ne peuvent se séparer. Les philosophes ne s'occupent que de l'une, au préjudice de l'autre ; la perfection qu'ils nous demandent est au-dessus de nos forces. Par la vie purement spéculative, l'homme essaye de se détacher de la matière à laquelle il est fatalement enchaîné et qui le fait sans cesse retomber sur la terre. Mais la vie active, la vie politique ne supprime pas le corps ; elle nous permet de le diriger sans l'anéantir et de faire usage de toutes nos facultés. Telle qu'elle est, avec ses imperfections, elle convient bien mieux à notre nature imparfaite que la vie spéculative qui suppose chez l'homme la perfection divine. La vertu dépend sans doute de notre volonté et de l'éducation de notre âme ; mais combien le corps n'influe-t-il pas sur nos sentiments? N'a-t-on pas remarqué, de tout temps, un rapport intime entre le caractère de l'homme et le climat qu'il habite? Les races du Nord sont braves, celles de l'Orient lâches et timides ; à quoi tiennent ces différences? N'est-ce point à ce que le corps, diversement affecté par le climat, agit à son tour sur l'âme, sa compagne? Nous avons des devoirs envers tous deux. Notre vie serait incomplète si nous nous bornions à la contemplation oisive de la vérité.

D'ailleurs, nous sommes faits pour la société ; c'est un des instincts de notre nature, et ne faut-il pas que, dans la cité, chacun apporte sa part de travail? Si tous les citoyens d'un État disaient, comme Anaxagore, qu'ils n'ont d'autre patrie que la patrie céleste, que deviendrait cet État? On peut prétendre sans doute que la vie politique ne nous procure pas un bonheur parfait; mais où est la perfection sur la terre? La vie spéculative est-elle plus heureuse? Que d'erreurs n'ont pas commises les philosophes! Que de contradictions dans leurs systèmes! Combien de fois ont-ils cru toucher à la vérité sans l'atteindre? Au moment où l'un pensait avoir trouvé le vrai secret du bonheur, l'autre le plaçait ailleurs. Il faut se résigner à ne pas chercher ici-bas la félicité parfaite: elle est réservée à l'homme dans un monde meilleur.

En résumé, nous n'arriverons jamais à la connaissance absolue de la Divinité et du souverain bien. Nous ferons des efforts inutiles pour atteindre le but de la vie spéculative, tandis qu'il nous est permis, même avec nos imperfections, d'atteindre celui de la vie active. Un ouvrier qui exerce parfaitement un métier, quel qu'il soit, vaut mieux que celui qui en exerce un plus noble médiocrement.

Les adversaires de Suriano sont vaincus par ces raisons; mais, pour sauver l'honneur de la philosophie spéculative, ils veulent au moins qu'on leur accorde que la fin de la vie politique doit être la science et la contemplation du bien.

L'ambassadeur ne fait pas cette concession. Suivant lui, la vertu agissante est à elle-même sa propre fin, pourvu qu'on agisse avec le seul désir du bien; elle n'est pas moins désirable en elle-même que la science. La science est supérieure, dit-on, parce qu'elle nous fait connaître Dieu; mais cette connaissance sera toujours imparfaite, tandis que la vertu nous le fait aimer autant que nous le devons. Il est plus triste de ne pas aimer Dieu que de ne pas le connaître ; il vaut mieux par conséquent l'aimer que le connaître. Qu'importe qu'on ne le connaisse qu'imparfaitement, puisque c'est là une des lois de notre nature, pourvu qu'on l'aime et qu'on le lui témoigne par ses œuvres ?

Ainsi finit le premier livre de la *Perfection de la vie politique.*

La pensée de Paruta est claire et développée avec logique. S'il a choisi la politique pour objet de ses études, ce n'est point par une simple préférence de son esprit, c'est qu'elle lui paraît la plus noble des sciences. Mais il ne sépare pas la théorie de la pratique. Il est l'ennemi déclaré des spéculations stériles. La politique de son choix est la politique active. Il faut que le citoyen digne de ce nom dévoue sa vie aux intérêts de son pays. Ceux qui s'éloignent des affaires par amour du repos ou pour se livrer à l'étude, préfèrent un plaisir à un devoir sacré.

Il est bien entendu que ces conseils ne s'adressent qu'aux patriciens. Les personnages que Paruta fait parler appartiennent tous à la noblesse vénitienne ; leurs auditeurs sont de jeunes nobles qui apprennent, en les écoutant, à rester fidèles aux traditions de leurs familles et à ne pas déserter les devoirs politiques qu'ont remplis leurs ancêtres. C'est ainsi que s'explique ce qu'il y a d'un peu absolu dans les maximes de l'auteur de la *Perfection de la vie politique.* Il n'écrit pas pour la foule que la vie politique ne rend pas toujours heureuse, mais pour une classe privilégiée qui a fait la grandeur de Venise, et qui a un héritage de gloire à soutenir.

En même temps Paruta, s'élevant à une considération plus générale, compare la vertu active à celle qui n'agit pas, et c'est naturellement à la première qu'il donne la préférence. Suivant lui, indépendamment des devoirs politiques qui ne pèsent pas également sur tous, l'activité est la loi de notre nature, loi impérieuse, à laquelle nul ne doit se soustraire. C'est un point qu'il tient surtout à établir ; il y revient même avec insistance au commencement du second livre (1). On dirait qu'il veut combattre une maladie de son temps, et qu'il craint que la passion de la science, si générale à cette époque, n'éloigne des affaires un trop grand nombre d'esprits distingués. Peut-être comprenait-il, en voyant la puissance de Venise décliner, combien il était nécessaire d'appeler toute la jeunesse au secours de la patrie et de ranimer l'ardeur de ceux qui pouvaient la sauver.

Dans le second livre, Paruta trace le portrait de l'homme politique ; il énumère et il définit les vertus qui lui sont nécessaires.

C'est d'abord et avant tout la sagesse, source de toutes les vertus ; elle indique à l'homme le but auquel il doit tendre, la perfection, et lui donne les moyens d'y arriver. Pour l'acquérir, il faut que nous ayons la mémoire du passé, la connaissance du présent et la prévoyance de l'avenir. Aussi rien n'est-il plus utile à l'homme politique que l'étude de l'histoire. Alphonse d'Aragon disait que les meilleurs conseillers étaient les morts.

A ce propos, Paruta, qui était déjà connu comme historien par ses trois livres de la guerre de Chypre, et qui allait devenir historiographe de la République, fait une digression sur la meilleure manière d'écrire l'histoire. On

(1) Cette apologie de la vie active avait frappé les contemporains. On avait remarqué que c'était une des idées favorites de Paruta. Ainsi, dans les *Nouvelles du Parnasse*, Boccalini le charge de défendre, devant Apollon, la vie active contre Piccolomini qui se fait l'avocat de la vie contemplative.— Troiano Boccalini. *Ragguagli di Parnasso*, cent. III, ragg. 33.

voit que Thucydide sera son modèle préféré. Il trouve que Polybe et Salluste sont plus philosophes qu'historiens, à cause des nombreuses réflexions que leur inspirent les événements, tandis qu'Hérodote et Tite-Live ne font pas assez ressortir la philosophie de l'histoire. Thucydide, qui n'interrompt jamais le récit des faits pour en expliquer les causes ou les conséquences, mais qui sait placer à propos quelques réflexions sobres et précises, lui paraît remplir mieux que personne le double devoir de l'historien qui est de raconter et d'instruire. Telle est la méthode qu'il a suivie lui-même en écrivant l'histoire de Venise.

La seconde vertu qu'on doit exiger de l'homme politique, c'est la fermeté qui l'élève au-dessus des caprices de la fortune. Il faut qu'il sache souffrir et mourir même au besoin pour sa patrie. Ici Paruta, avec une raison supérieure, distingue la fausse grandeur d'âme des stoïciens du véritable courage. L'orgueil, dit-il, nuit à la vertu. Le citoyen intrépide et qui aime son pays ne sacrifie sa vie qu'au devoir. Il peut s'exposer à une mort certaine par dévouement, comme Curtius; il ne se tue pas, comme Caton, par point d'honneur. Le suicide de ce grand homme n'est point, comme l'ont prétendu quelques philosophes, le couronnement d'une belle vie; c'est une faiblesse indigne d'un citoyen romain.

Mais, disent les contradicteurs, apparemment pour amener l'éloge du patriotisme, comment l'homme politique peut-il jouir du véritable bonheur, s'il faut qu'il soit prêt à sacrifier sa vie pour sa patrie? Qu'est-ce après tout que la patrie? Ne sommes-nous pas tous citoyen du monde? La patrie n'est-elle pas le résultat d'une convention sociale et vaut-elle que nous nous exposions pour elle à la mort?

Ce sophisme est éloquemment réfuté par Barbaro, qui exprime, dans le dialogue, la pensée de Paruta. L'éloge du patriotisme, qui n'est souvent qu'un lieu commun, est ici rajeuni par l'accent de conviction profonde de l'écrivain. On sent qu'il a pour Venise un amour ardent dont nous retrouverons souvent l'expression dans ses ouvrages.

Au reste, le patriotisme est un des traits généraux du caractère vénitien. Venise, entourée de tous côtés par la mer, ressemble à une île. On sait que les insulaires sont plus attachés encore au sol natal que les habitants du continent.

Deux vertus complètent le caractère de l'homme politique : ce sont la justice et l'empire qu'il doit avoir sur lui-même. Ces vertus principales s'exercent sous plusieurs formes et prennent souvent des noms différents. L'empire qu'on a sur soi-même s'appelle, suivant les occasions, patience, confiance ou constance; il se traduit par l'abstinence et la sobriété, si l'on dédaigne les plaisirs de la table; par la chasteté, si on résiste aux plaisirs des sens. La justice devient de la piété filiale, vis-à-vis des parents et de la patrie; vis-à-vis des ancêtres, c'est le culte des souvenirs; vis-à-vis d'un bienfaiteur, c'est de la reconnaissance. La libéralité, vertu nécessaire à l'homme politique qui veut conserver le pouvoir, découle de la justice. La magnificence, qui tient de près à la force d'âme, convient aux chefs d'un État : elle n'est point absolument indispensable; mais il serait mal de ne pas l'avoir quand on le peut. Elle se déploie dans de grandes occasions, quand on donne des fêtes, des festins, surtout quand on élève des monuments et qu'il ne faut pas regarder à la dépense, mais à la beauté de l'œuvre qui s'exécute. La magnanimité est, comme la magnificence, une des formes de la force d'âme. On mérite le nom de magnanime quand on sait avoir de l'empire sur soi, dans toutes les occasions où il s'agit de gloire, de renommée, d'honneurs. La magnanimité ne consiste pas à mépriser les biens de ce monde, mais à savoir s'en servir, comme si on devait un jour ne plus les posséder.

Quelques qualités secondaires ajoutent à la considération et à l'influence de l'homme politique. L'air ouvert et affable le rend populaire. On aime que la candeur de l'âme se reflète sur le front de celui qui gouverne. Les princes ne perdent rien à être aimables. L'affabilité de Trajan, d'Alexandre Sévère, d'Adrien, affermit leur pouvoir. Mais que l'homme politique se garde des promesses flatteuses et mensongères, cette fausse monnaie des cours! Il vaut mieux être sobre de paroles et toujours prêt à rendre service.

Toutes ces vertus ne suffisent pas encore à l'homme politique. Pour se montrer dans tout leur jour, elles ont besoin d'être accompagnées de certains biens ou avantages, comme le diamant qui brille mieux quand il est enchâssé dans de l'or. C'est là le sujet du troisième livre de la *Perfection de la vie politique*.

Ces biens peuvent se diviser en trois classes, biens de l'âme, biens de la nature, biens extérieurs.

Parmi ceux que nous devons à la nature, il ne faut pas dédaigner la beauté virile, qui ajoute tant de charme aux autres qualités. On sait en quel honneur elle était auprès des anciens. Les historiens parlent avec admiration de la beauté d'Alcibiade, de Démétrius, de Pyrrhus, comme Homère parle de celle d'Achille. Mais de tous les biens de la nature, le plus nécessaire à l'homme politique, c'est la santé; il en a besoin pour l'accomplissement de ses devoirs : aussi doit-il la conserver avec soin.

Sans que la fortune puisse rien sur son cœur, elle lui apporte souvent des biens dignes d'envie, comme les richesses et la noblesse qui donnent de l'éclat à la vertu et lui ouvrent le chemin du pouvoir. La noblesse n'est assurément pas une chose indifférente ; un gouvernement sage doit en tenir compte ; quoiqu'il y ait bien des nobles indignes de ce nom, elle est souvent une garantie de vertu. Noblesse oblige ; la gloire de leurs ancêtres, sans cesse présente à l'esprit des jeunes patriciens, élève leurs pensées et leur inspire des sentiments d'honneur.

On ne s'étonnera pas qu'un noble de Venise ait le respect et l'amour de l'aristocratie qui a fait la grandeur de son pays. Il faut même lui savoir gré d'en parler sans passion et avec beaucoup moins de préjugés que ne l'eût fait un seigneur français du seizième siècle.

La richesse est, comme la noblesse, utile à l'homme politique, à cause de l'usage intelligent qu'il peut en faire et de l'indépendance qu'elle lui donne ; mais elle ne lui est nécessaire que dans la mesure de sa condition. Il suffit qu'il soit assez riche pour faire vivre sa famille et tenir un rang honorable dans le monde.

A ces biens qui contribuent au bonheur de l'homme, Paruta ajoute l'amitié si rare parmi les grands et cependant si précieuse à ceux qui ont tant à craindre de la fortune. Quel charme elle répand sur la vie ! que de consolations elle offre dans le malheur ! Nous devons en général nos amis à nos qualités, à l'amour du bien, à la vertu, aux grâces de la personne ; mais il faut avoir en même temps, pour être aimé, une disposition particulière à l'amitié, un penchant à l'affection. Ceux qui n'aiment personne, quelque mérite qu'ils aient, ne seront pas aimés. Enfin, le dernier conseil que Paruta adresse à l'homme politique, c'est de se borner à un petit nombre d'amis véritables, sans cependant dédaigner les amitiés vulgaires qui peuvent accroître son influence dans la cité.

Telles sont les idées qui remplissent la plus grande partie du IIIe livre et qui achèvent le modèle que Paruta a voulu tracer de la vie politique.

Son but est atteint. Il a établi la supériorité de la vie politique sur la vie spéculative ; il a énuméré et défini les vertus principales qu'elle exige ; il a fait connaître les qualités secondaires qui la complètent, et indiqué les biens extérieurs qui l'embellissent. L'œuvre de Paruta pourrait s'arrêter là. Mais il a réservé pour la fin quelques considérations générales. Il se demande, dans sa conclusion, quelle est la forme de gouvernement qui permet le mieux d'arriver à la perfection de la vie politique, et il passe en revue les constitutions des États anciens et modernes. Il écarte tout d'abord la tyrannie et la démagogie, qui ne peuvent produire aucun bien. Suivant lui, les trois formes de gouvernement les plus communes, la monarchie, le gouvernement aristocratique et la démocratie, ont chacune leur avantage. Aucune d'elles, comme l'avait déjà démontré Machiavel, n'est absolument supérieure aux autres. Elles répondent, dans leur diversité, aux génies différents des peuples. Mais, comme le secrétaire florentin (1), il préfère à ces systèmes absolus le gouvernement qui résulte de l'équilibre harmonieux des pouvoirs. Il est facile d'arriver à la perfection de la vie politique, dans un État où le prince,

(1) Nicolo Macchiavelli. *I discorsi sopra la prima deca di Tito-Livio*, disc. II.

les grands et le peuple, prenant une part égale aux affaires, ne seront jamais opprimés l'un par l'autre.

Sparte, dans l'antiquité, lui offre le modèle de ce gouvernement mixte qui lui paraît supérieur aux monarchies comme aux républiques. Mais c'est surtout, comme on devait l'attendre d'un Vénitien, pour le gouvernement de Venise qu'il réserve son admiration. Il y retrouve les trois éléments qui, en se combinant dans une juste mesure, produisent la perfection (1). Le doge, dont le pouvoir est à vie, représente la majesté royale : c'est en son nom que paraissent les principaux décrets. Le Sénat, le conseil des Dix, le collége, forment le gouvernement aristocratique; tandis que, d'autre part, le grand conseil (*il consiglio maggiore*) où se réunissent tous les citoyens, et qui a le droit de créer les magistrats et de faire les lois relatives à la forme du gouvernement, représente l'élément populaire. C'est grâce à l'équilibre de ces trois éléments, ajoute avec orgueil Paruta, que la constitution de Venise ne s'est point altérée, et que la paix n'y a jamais été troublée par des désordres intérieurs.

La constitution vénitienne, avait dit Giannotti avant le chevalier Temple, ressemble à une pyramide dont le grand conseil forme la base, celui des Dix et le collége le milieu, et le doge le sommet (2).

Mais ce que le patriotisme l'empêche de voir ou de dire, c'est que l'équilibre des pouvoirs n'est qu'une fiction à Venise, et que ce gouvernement, qu'il appelle mixte, appartient tout entier à l'aristocratie. On sait dans quelles étroites limites les lois avaient renfermé la

(1) *Della Perfezione della vita Politica*, lib. III, p. 397.
(2) Giannotti (Donato). *Della Repubblica e magistrati di Venezia.*

puissance du doge et quelle place insignifiante on avait réservée au peuple dans les conseils de la cité. N'était-ce point le conseil des Dix qui gouvernait au nom des patriciens, seuls maîtres de la direction suprême?

La force du gouvernement vénitien ne tenait assurément pas à cet équilibre parfait qui n'exista jamais. Mais on en trouve le secret dans la sagesse de l'aristocratie, qui sut se faire pardonner, par l'habileté et par la grandeur de sa politique, l'excès de sa puissance. Elle prit si bien ses mesures que le peuple, non-seulement n'eût pu se révolter s'il l'avait voulu, tant elle était sur ses gardes et prête à tout, mais qu'il n'en avait même pas la pensée, parce qu'elle ne semblait se servir de l'autorité que pour assurer la prospérité publique. La gloire et le commerce consolèrent les Vénitiens de la perte de leur liberté.

Mais la constitution aristocratique de Venise ne fut jamais le modèle de ce gouvernement mixte que rêvaient les politiques du XVIe siècle, dont Machiavel (1) avait déclaré la supériorité, que Botero (2) préconisait, et que Paruta (3) définissait ainsi : une constitution où les trois éléments se combinent dans une si juste mesure qu'on ne puisse dire lequel des trois l'emporte sur les deux autres. Le gouvernement représentatif, tel qu'il est appliqué en Angleterre, répond mieux à l'idéal que s'était formé l'auteur de la *Perfection de la vie politique.*

L'analyse de l'ouvrage de Paruta nous a montré comment il envisageait les devoirs de la vie politique. C'est le côté moral des choses qui le frappe avant tout. La

(1) Macchiavelli. — *Discorsi sopra la prima deca di Tito-Livio*, disc. II.
(2) Botero. *Ragione di stato.*
(3) *Della Perfezione della vita Politica*, lib. III, p. 394.

perfection pour lui n'est que l'alliance du génie et de la vertu. Il ne suppose même pas qu'on puisse être un homme politique, sans avoir l'amour du bien, et sans conformer sa conduite aux principes de la plus pure morale.

On dira peut-être qu'il n'y avait pas grande nouveauté à soutenir cette thèse. C'est une opinion familière aux philosophes de l'antiquité. Mais les idées neuves ne sont pas les seules bonnes. Nul n'est tenu d'innover, quand il s'agit de questions si souvent débattues. D'ailleurs, Paruta, qui ne déguise pas ses emprunts, ne prend nulle part un système tout fait. Il invoque souvent, comme c'est son droit, l'autorité de Platon et d'Aristote, mais il ne les copie jamais. Si sa doctrine est tirée de ce fonds de maximes générales que l'antiquité nous a transmises, c'est qu'après tout il faut bien en revenir aux principes déjà établis, et qu'on ne peut toucher à la philosophie, sans s'inspirer des maîtres qui en ont posé les fondements éternels.

La *Perfection de la vie politique* n'en est pas moins une œuvre originale, pleine de pensées et de sentiments élevés qui n'appartiennent qu'à l'auteur. La part que peuvent y réclamer Aristote et Platon n'amoindrit pas celle de Paruta. Il reste à celui-ci le mérite incontestable d'avoir approfondi une question digne d'occuper les esprits politiques de tous les temps, d'avoir développé les opinions des anciens sur ce point si important, et enfin d'y avoir ajouté tout ce que la connaissance de l'histoire et l'étude des gouvernements modernes lui avaient appris.

Le caractère de l'ouvrage est d'ailleurs éminemment critique. Paruta n'accepte servilement aucune opinion; il juge avec indépendance toutes les idées, et n'admet, sur la foi des anciens, que les arguments sans réplique. Il proteste même avec énergie contre la servilité de quelques écrivains politiques, qui empruntent aux Grecs le fond et la forme de leurs ouvrages, semblables à ces peintres dont la race s'est conservée en Italie, qui, n'ayant pas assez d'art pour composer eux-mêmes des sujets de tableaux, copient sans cesse ceux des autres. Rien n'est plus faux, ajoute-t-il, que cette imitation étroite del'antiquité.

Que de changements, en effet, la différence des temps et des mœurs a dû apporter dans les idées! De combien d'éléments nouveaux ne doit-on pas tenir compte dans la société moderne! Imitons l'indépendance des philosophes grecs eux-mêmes qui ne se sont jamais crus liés par les opinions de leurs prédécesseurs, et qui ont si bien établi la liberté d'examen que le disciple n'est pas toujours de l'avis du maître. N'est il point honteux qu'une idée soit acceptée, non pas parce qu'elle est vraie, mais parce qu'elle vient de Platon ou d'Aristote (1)? Paruta se rappelait qu'au moyen âge on avait voulu canoniser Aristote et le mettre en paradis, à côté de saint Pierre et de saint Paul.

Cette critique si vive s'adresse d'ailleurs, avec toute raison, à cette nuée d'écrivains obscurs qui précèdent Paruta, à Erizzo, à Foglietta, à T. Sansovino, imitateurs fanatiques et maladroits de l'antiquité.

Le mérite le plus remarquable de l'ouvrage de Paruta, sur lequel j'ai déjà insisté, c'est d'avoir paru à une époque où Machiavel faisait autorité, et d'avoir remis en honneur des principes ébranlés par les doctrines d'un

(1) « Molte volte maggior fede prestiamo alle cose, perchè detto l'abbia Aristotele o Platone, che perchè vere siano. » (Lib. I, p. 64.) Tout ce passage est dans la bouche de Barbaro.

grand écrivain. Il n'y a guère de comparaison possible entre le *Prince* et la *Perfection de la vie politique.* Machiavel et Paruta traitent des sujets bien différents. Leurs discours nous offriront plus d'occasions de rapprochements. Mais ce qu'on peut comparer, ce sont les maximes politiques des deux écrivains. Machiavel, dans un livre adressé à l'un des oppresseurs de Florence, donne aux princes des conseils pour acquérir et pour conserver le pouvoir. Il développe, avec une rare sagacité, la théorie du succès. Les exemples qu'il cherche dans l'histoire et qu'il propose à l'imitation de Laurent de Médicis, sont ceux des hommes qui ont réussi, quels que soient les moyens qu'ils aient employés. L'unique mobile d'un prince, suivant lui, doit être l'intérêt. S'il conseille quelques vertus, c'est qu'il les juge utiles, et il en recommande surtout l'apparence (1). Mais jamais il ne se préoccupe de la justice en elle-même, ni des devoirs qu'elle impose aux rois plus qu'aux autres hommes. Il n'admet pas ces principes sacrés, supérieurs à toute considération politique, qui doivent être la règle fixe de ceux qui gouvernent les peuples. Il en parle même avec le dédain d'un esprit sans préjugés, qui laisse ces soucis puérils aux hommes vulgaires. « Chacun comprend facilement, dit-il, combien un prince » est louable d'être fidèle à sa parole, d'agir franchement toute sa vie et de ne point recourir à la » dissimulation. Mais l'expérience nous apprend que » les seuls princes de notre temps qui aient fait de » grandes choses sont ceux qui ont tenu peu de

(1) « Ad un principe adunque non è necessario avere tutte le sopra scritte qualità, ma è ben necessario parere d'averle. Anzi ardirò di dire questo, che avendole e osservandole sempre, sono dannose, e parendo d'averle, sono utili. » *Il Principe,* cap. XVIII.

» compte de leur parole. » L'expérience, c'est la souveraine loi, l'*ultima ratio* de Machiavel. Louis XII perd ses États d'Italie pour avoir été trop honnête. César Borgia fonde sa puissance par des moyens criminels : c'est ce dernier qu'il propose comme modèle.

Quelles maximes différentes chez Paruta ! Quel respect de la morale et de la dignité humaine ! L'homme politique, tel qu'il le conçoit, aspire à toutes les vertus; c'est un sage qui non-seulement aime le bien, mais qui le pratique. Il a toujours devant les yeux les règles éternelles de la justice et il ne s'en écarte jamais. S'il prend en main le gouvernement, c'est par amour pour son pays et avec la conscience d'un devoir à remplir. Il ne balance pas entre la vertu et l'intérêt ; il ne méprise pas le succès, mais il ne cherche pas à réussir aux dépens de la morale. Il sait que l'homme politique ne trouve pas toujours sa récompense en ce monde, et, s'il est victime de l'ingratitude humaine, c'est en Dieu qu'il met tout son espoir. « Celui qui gouverne, dit quelque part » Paruta (1), est tenu par-dessus tout de se montrer bon » citoyen ; c'est le seul titre vraiment digne d'éloges et » qui doit nous paraître autant au-dessus des honneurs et » des dignités qu'une chose est supérieure à ce qui n'est » que l'ombre d'elle-même. »

Après avoir apprécié les idées de Paruta, il nous reste à parler de la forme sous laquelle il les présente et du mérite littéraire de son livre. L'avantage du dialogue qu'il donne pour cadre à sa pensée, c'est de permettre une grande variété de ton et de faire ressortir, par la vivacité de la discussion, toutes les nuances des idées. La lumière jaillit du choc des opinions. Mais cet avan-

(1) *Della Perfezione della vita Politica*, lib. I, p. 49.

tage même a ses dangers. Il est plus difficile de faire parler naturellement des personnages d'esprit, de mœurs et de sentiments différents que de parler soi-même, en son propre nom, et avec le ton qu'on a l'habitude de prendre. Le dialogue exige plus de délicatesse, plus d'invention, plus d'habileté que la dissertation. Il faut que les interlocuteurs aient chacun un caractère distinct, qu'ils expriment des opinions raisonnables, qu'ils sachent se défendre et soutenir leur cause, et qu'ils n'aient jamais l'air d'être mis en scène, comme les confidents de tragédie, pour donner la réplique au personnage principal. Les objections doivent être présentées avec force et soutenues jusqu'au bout; il ne faut ni les esquiver ni en amoindrir la valeur, et cependant la victoire doit rester, sans que le doute soit permis, aux idées que défend l'auteur. Platon nous a laissé en ce genre des modèles admirables où jamais l'intérêt ne languit, où les formes de la discussion ne servent qu'à éclaircir la pensée, où la dissertation ne se substitue jamais au dialogue, et où les nuances des caractères sont supérieurement observées. Il y a là une perfection qui doit désespérer tous les imitateurs modernes.

Paruta choisit, pour le sujet qu'il voulait traiter, la forme du dialogue, sans peut-être se rendre compte de toutes les qualités d'esprit qu'elle exige. Évidemment, le mérite littéraire n'était pour lui que secondaire; il ne vit dans le dialogue qu'un moyen d'exprimer plus complétement et plus librement toutes ses opinions sur la vie politique. L'exemple était consacré par l'antiquité : d'ailleurs, il trouvait l'avantage, en faisant parler quelques hommes illustres, de se couvrir de leur nom. Mais on pouvait prévoir qu'il ne réussirait qu'à demi dans son entreprise, et qu'il sacrifierait trop la forme à l'idée. Rien n'est plus imprudent, quand on n'a pas un sentiment délicat des secrets de la composition, que d'aborder un genre qui demande précisément un grand art décrire et une connaissance particulière des finesses du style. Paruta avait assurément le goût des lettres; il était trop familier avec les écrivains de l'antiquité pour ne pas aimer le beau langage; mais son esprit s'était tourné de bonne heure vers les spéculations politiques, et peut-être lui manquait il cette forte éducation littéraire qui fait les bons écrivains. Peut-être aussi n'avait-il qu'à un degré inférieur le sentiment de la forme sans laquelle il n'y a rien d'achevé, rien de complet. Aussi remarque-t-on, dans les dialogues de la *Vie politique*, un grand nombre d'imperfections qui n'eussent point échappé à un écrivain plus exercé ou plus sensible au mérite de l'élocution.

Le ton des interlocuteurs est, en général, monotone: ils parlent tous avec une gravité un peu emphatique, sans qu'on puisse distinguer les nuances des caractères. L'auteur ne se dissimule pas assez, et reparaît sous le nom de chaque personnage. Un seul, l'ambassadeur da Ponte, qui figure surtout dans le troisième livre, prend la parole avec une vivacité quelquefois éloquente. Mais Suriano, Barbaro, Mocenigo, Foglietta et l'évêque de Cénéda se ressemblent si complétement qu'on pourrait faire dire à chacun d'eux tout ce que disent les autres. Si on supprimait les noms, on croirait que c'est la même personne qui parle sans cesse et qui discute avec elle-même.

Un autre défaut du dialogue, c'est que la marche en est embarrassée à chaque instant par les interruptions de l'auteur, qui se croit obligé d'annoncer chaque personnage avant de lui laisser la parole. Au lieu de mettre tout simplement, comme Platon, le nom de l'interlocuteur qui succède à un autre, en tête de la première phrase qu'il prononce, Paruta ne manque pas de dire, par exemple : « Ici l'ambassadeur Suriano s'arrêta un » instant; alors Mocenigo voyant qu'il ne reprenait pas » la parole, commença en ces termes (1). » Quelquefois, c'est le même personnage qui fait une pause et qui reprend ensuite. De temps en temps, au moment où un orateur finit une période, un des interlocuteurs saisit un instant favorable et l'interrompt au milieu d'une phrase.

La pantomime même de l'auditoire est conservée. Ainsi, au moment où l'ambassadeur Suriano ouvre la bouche pour répondre, l'évêque de Torcello l'arrête et parle à sa place (2). Ces détails donneraient peut-être plus de naturel au dialogue, s'ils ne se répétaient pas invariablement, et s'ils ne ressemblaient à une formule de convention.

Les formes banales de la politesse reviennent aussi avec une exagération dont il faut plutôt accuser les mœurs italiennes que Paruta lui-même. En exceptant le caractère plus franc et plus vif de da Ponte, les interlocuteurs se contredisent en général avec une courtoisie parfaite, et en se demandant pardon les uns aux autres de ne pas être du même avis. Il y a un peu de puérilité et d'affectation dans l'abus de ces petits détails.

Mais ce ne seraient là que des taches légères, à peine remarquées dans le tissu général de l'ouvrage, si la discussion suivait toujours un cours naturel. Malheureusement il n'en est pas ainsi, et le dialogue s'embarrasse quelquefois dans des questions incidentes qui font perdre

(1) Lib. I, p. 121.
(2) Lib. I, p. 124.

de vue l'idée principale. Au moment où l'on suit un raisonnement, une interruption maladroite détourne l'attention, ou bien, à propos d'une maxime générale, un des interlocuteurs fait une excursion hors du sujet, et entraîne avec lui tout l'auditoire qui ne revient qu'après de longsdétours au point d'où il était parti.

Quelques subtilités philosophiques qu'on rencontre, chemin faisant, et qui contribuent à rendre plus confuse la marche des idées, n'étonneront pas chez un écrivain italien du seizième siècle. Il faut rendre cependant cette justice à Paruta qu'il a l'amour et le besoin de la clarté; si la discussion s'égare quelquefois dans son ouvrage, c'est faute d'habileté et jamais faute de logique. Les idées principales se suivent au fond dans un ordre très-rigoureux; en les dégageant des accessoires, comme j'ai essayé de le faire dans mon analyse, on en retrouve sans peine l'enchaînement et la déduction. La fermeté est d'ailleurs un des caractères de son talent, et s'il y a quelques incertitudes dans la forme, il n'y en a aucune dans la pensée.

Ce n'est point ici le cas d'apprécier en général le style de Paruta : cette étude trouvera mieux sa place à la fin de mon travail.

Ce fut, nous l'avons dit, la *Perfection de la vie politique* qui valut à Paruta l'honneur d'être nommé historiographe de la République. L'ouvrage eut, à son apparition, un légitime succès. Il répondait à un besoin général des esprits honnêtes en Italie. Ce plaidoyer éloquent en faveur de la morale semblait une protestation contre les doctrines de Machiavel et relevait à l'étranger la réputation des Italiens. Ceux-ci passaient alors pour très-habiles; mais leur perfidie n'était pas moins reconnue que leur habileté. Cette opinion généralement répandue humiliait tous ceux qui aimaient leur patrie : s'ils se laissaient attribuer volontiers le génie de la politique, s'ils revendiquaient pour eux la gloire de Machiavel, parce que cette grande renommée flattait leur orgueil national, ils auraient voulu la dégager de ce qui s'y mêlait d'odieux.

Le livre de Paruta servait merveilleusement ce penchant de ses compatriotes. Grâce à lui, une école nouvelle, toute dévouée au culte du bien, semblait se former en Italie. La morale reprenait ses droits. Il n'était plus permis aux étrangers d'envelopper tous les Italiens dans la réprobation qui avait frappé les doctrines du *prince.* L'Italie se réhabilitait. Un Italien, un compatriote de César Borgia, plaçait la perfection de la vie politique dans l'exercice de toutes les vertus. On comprend l'effet que dut produire dans la péninsule et surtout à Venise, où s'étaient conservées les traditions d'une politique plus loyale, l'apparition du livre nouveau. Nous en retrouvons quelques traces chez les écrivains contemporains.

Le journal des littérateurs italiens appelle l'auteur de la *Perfection de la vie politique* « le grand Paruta (1). » « Par cet excellent ouvrage, dit Apostolo Zeno, son » biographe, il acquit la réputation d'un des plus pro- » fonds politiques et d'un des écrivains les plus polis » qui aient fait honneur non-seulement à sa patrie, mais » à tout le monde savant (2). » Nicolo et Lorenzo Crasso admirent avec enthousiasme la *Perfection de la vie poli-*

(1) « Il gran Paruta. » *Giornale de' Letterati d'Italia*, t. XXXI, p. 459.

(2) « Per questa eccellente fatica, riportò la lode di uno de più profondi politici e de più colti scrittori, che non solo vanti la patria, mà tutto il mondo erudito. » Apostòlo Zeno. *Vita di Paruta.*

tique, que Jacopo Alberici appelle un très-beau livre (1). Enfin, Troiano Boccalini, un de ses contemporains les plus célèbres, dans un ouvrage où il fait comparaître, sur le Parnasse, aux pieds d'Apollon, les écrivains les plus éminents de l'antiquité et des temps modernes, donne une place d'honneur à Paruta. C'est lui qu'il charge de lire chaque matin au dieu de la poésie le courrier politique ; c'est à lui qu'il confie la défense du droit et de la vérité, dans les discussions qui s'engagent par l'ordre d'Apollon, sur quelques questions politiques, tandis qu'il prononce contre Machiavel ces amères paroles (2) : « Machiavel, avec sa politique enragée et désespérée, » mérite d'être condamné aux peines éternelles. » Pour réfuter précisément une des maximes de l'écrivain florentin, Boccalini met dans la bouche de Paruta un discours sur la véritable perfection du prince. Machiavel (3) avait dit qu'un prince doit plutôt se faire craindre que de se faire aimer, parce que les hommes sont en général ingrats, changeants, dissimulés, et qu'on ne peut compter sur leur amour. Paruta, au contraire, à la grande satisfaction d'Apollon (4), recommande par-dessus tout aux princes de se faire aimer, en rappelant cette parole de Sénèque : « Qui a civitate amatur, defenditur, coli» tur (5). » C'est la politique d'accord avec la morale,

(1) Lorenzo Crasso. *Elogii d'uomini letterati*. Venezia, 1648, t. I, p. 97. *Nicolai Crassi Junioris Elogia patric. Venet*. Dec. II, X. Venezia, 1612. Jacopo Alberici. *Catalogo de' Scrittori Veneziani*, c. 72.

(2) L'eccellentissimo P. Paruta che di presenti, nelle pubbliche scuole di Parnasso, legge l'ordinario politico della mattina. Troiano Boccalini. *Ragguagli di Parnasso*, cent. I, ragg. 67. « Il Machiavelli, con la sua arrabiata e disperata politica, meritò di essere dannato alle pene eterne. » *Ibid.*, cent. III, ragg I.

(3) Machiavelli. *Il Principe*, cap. 17.

(4) « Con infinita soddisfazione del Serenissimo Apollo. » Boccalini, cent. III, ragg. 30.

(5) Senec. *De Clementia Neronis*, lib. I, cap. 13.

et il n'est pas bien sûr que ce ne soit pas en même temps la plus habile.

La *Perfection de la vie politique* se répandit de bonne heure hors de l'Italie. Elle fut traduite en français par Gilbert de la Brosse d'Angers, et imprimée à Paris chez Nicolas Chesner, en 1583, quatre ans après avoir été publiée à Venise (1). Plus tard, en 1657, Henry Cary la traduisit en anglais et la publia à Londres (2).

On peut juger de la réputation qu'avaient en France, au XVIIe siècle, auprès des hommes politiques, l'auteur et l'ouvrage, par ces paroles de Gabriel Naudé : « P. Paruta, flos venetæ nobilitatis, et subactæ decus eruditionis, præclarum linguâ suâ patriâ librum edidit de vitâ politicâ quem in nostram translatum habemus (3). »

(1) De la Croix du Maine. *Bibliothèque française*, p. 97.

(2) Corneille Beughem. *Bibliographia juridica et politica*. Amsterdam, 1680.

(3) Gabriel Naudé. *Bibliographia politica*. Amsterdam, 1645.

CHAPITRE IV.

DISCOURS POLITIQUES (1).

« Paruta était déjà connu, dit Ginguené, par ses trois » livres de la *Perfection de la vie politique.* Cependant ce » n'est point cet ouvrage qui le fit classer parmi les écri» vains qui honorèrent le plus l'Italie. Il dut cette dis» tinction à ses *Discours politiques* (2). » C'est là en effet le principal titre de gloire de Paruta; c'est là ce qui le place immédiatement après les écrivains supérieurs parmi les politiques italiens, et ce qui faisait dire à Bœcler que Machiavel et Paruta avaient donné les premiers modèles de dissertations politiques.

Ce remarquable ouvrage se divise en deux livres. Dans le premier, l'auteur étudie la constitution des gouvernements les plus célèbres de l'antiquité et surtout celle de Rome; il développe les causes de la grandeur et de la décadence des Romains, et il examine quelques-uns des faits les plus importants de l'histoire ancienne. Dans la seconde, il approfondit des questions de politique moderne où sa patrie est en général intéressée.

On ne peut songer à analyser un ouvrage composé de

(1) *Opere politiche di Paruta*, lib. II.— *Discorsi politici sopra diversi fatti illustri e memorabili di principi e di repubbliche antiche e moderne.* Firenze, 1852.

(2) Ginguené. *Histoire littéraire d'Italie*, ch. 32, sect. 3.

chapitres détachés, qui n'ont aucun rapport l'un avec l'autre, et où sont traitées les matières les plus diverses. Je choisirai donc pour objet de mes études, parmi les questions dont il s'agit, celles qui offrent le plus d'intérêt, qui provoquent le plus de rapprochements avec les écrivains anciens et modernes, et dont l'examen fait le plus d'honneur à la pénétration de l'auteur. Le premier livre, plus important et tout entier consacré à l'antiquité, m'en offrira beaucoup plus que le second.

Pour plus de clarté, je diviserai cette étude sur les discours politiques en plusieurs parties.

Considérations générales sur Rome et sur les Républiques anciennes.

Paruta, comme je l'ai remarqué, est singulièrement hardi dans ses opinions. Il n'appartient à aucune école, et il traite les questions avec une indépendance parfaite. On ne s'étonnera donc point de le trouver tout d'abord en contradiction avec ses devanciers.

Il se demande, dans son premier chapitre (1), quelle a été la véritable forme du gouvernement romain, et il essaye de la définir. Il y reconnaît, avec Polybe, trois éléments : l'élément monarchique, représentée par les rois d'abord, et ensuite par les consuls ; l'élément aristocratique et l'élément populaire. Mais ce qu'il n'admet pas, c'est que ces trois pouvoirs soient en équilibre et se contre-balancent l'un l'autre.

Polybe (2) explique merveilleusement les rapports des

(1) Disc. I. « Quale fusse la vera e propria forma col quale si resse la Republica di Roma. »

(2) Polyb. *Histor.*, VI, 15.

consuls, soit avec le Sénat, soit avec le peuple, et il détermine la part d'influence qui revient à chaque pouvoir. Les consuls, dit-il, malgré l'autorité absolue qu'ils exercent pendant la guerre, ne peuvent rien sans le Sénat qui leur fournit des vivres et des subsides, et qui, à la fin de l'année, a le droit de leur continuer ou de leur retirer leur commandement. Ils ne sont pas tenus à moins de ménagements envers le peuple qui approuve ou qui casse les traités qu'ils ont conclus, et à qui ils doivent rendre des comptes, après l'expiration de leur charge.

Le Sénat (1), de son côté, ne peut administrer la République sans tenir compte des volontés du peuple; car, si quelqu'un propose une loi qui amoindrit l'autorité du Sénat, ou qui touche aux priviléges des patriciens, c'est devant le peuple qu'elle est portée et c'est lui qui la juge. D'ailleurs, un seul tribun du peuple annule par son opposition les décrets du Sénat, et empêche même les sénateurs de se réunir.

Quant au peuple, il a peur et besoin du Sénat qui, disposant des revenus publics, peut appesantir ou alléger les charges des plébéiens, et surtout qui tient dans ses mains le droit de rendre la justice. Il ne craint pas moins les consuls et ne les attaque pas imprudemment, parce que, en temps de guerre, chacun leur est soumis.

Aussi, ajoute Polybe, n'y a-t-il pas de République mieux organisée; car, dès qu'un des pouvoirs veut dominer, il est contenu par les deux autres.

C'est cette conclusion même que condamme Paruta, et il se trouve, dès les premiers pas, en contradiction non-seulement avec Polybe, mais avec Machiavel qui a ex-

(1) Polyb. *Hist.*, VI, 16.

primé la même opinion. Il lui semble que cette harmonie si vantée des trois pouvoirs n'existait réellement point à Rome, et qu'au fond le peuple y dominait par la faute de la constitution. Suivant lui, les divisions qui éclatèrent entre les patriciens et les plébéiens, dès que la République fut constituée, sont la preuve de ce défaut d'harmonie. Ni l'un ni l'autre de ces deux pouvoirs ne voulut se contenter de la part d'influence qui lui était faite; les nobles empiétèrent sur les droits du peuple, qui, à son tour, se révolta contre eux, et leur arracha de fatales concessions. Si la constitution n'eût point été vicieuse, les patriciens n'eussent pu acquérir, comme ils le firent, d'immenses fortunes qui leur permettaient de tenir les plébéiens dans la sujétion et leur donnaient la tentation de les opprimer; et le peuple, de son côté, n'eût jamais obtenu par ses tribuns ce pouvoir exorbitant qui paralysait l'action du Sénat.

A la fin, l'un des deux éléments devait l'emporter, et il était facile de prévoir que ce serait le peuple, parce que chaque succès obtenu augmentait son ambition au lieu de la satisfaire. L'égalité des droits politiques, accordée à tous les citoyens, est la perte des gouvernements. Paruta, comme il l'avait déjà déclaré dans la *Perfection de la vie politique*, n'aimait pas l'égalité; il eût voulu que le Sénat et les patriciens ne cédassent au peuple qu'une très-faible partie de l'autorité. C'est une opinion qui n'a rien de surprenant chez un noble vénitien.

Mais, ajoute Paruta en poursuivant son raisonnement, au lieu de cette distinction qu'on aurait dû maintenir entre les deux ordres, les plébéiens devinrent les égaux des nobles; et, comme ils avaient le nombre pour eux, ils firent bientôt la loi dans Rome et imposèrent au Sénat leurs favoris, ainsi qu'on le vit d'abord pour Marius et ensuite pour César. La meilleure preuve, dit-il, que l'élément démocratique l'emporta sur les deux autres dans la République romaine, c'est qu'elle finit par la tyrannie qui naît ordinairement de l'état populaire (1).

Cette influence trop grande du peuple ne se révéla pas, comme on pourrait le croire, tout d'un coup; elle ne date pas des désordres qui signalèrent les derniers temps de la République; elle tenait aux vices mêmes de la constitution, et il faut remonter jusqu'aux rois, pour en trouver l'origine. Après Romulus, c'est le peuple qui choisit le roi, et le roi est obligé de faire des concessions à ceux qui l'ont élu. La division en centuries, faite par Servius Tullius, est favorable au peuple. Après l'expulsion des Tarquins, les patriciens ne fondent pas un gouvernement aristocratique. Les nouveaux consuls ne s'occupent que du peuple et ils le flattent. Valérius Publicola fait abaisser devant lui les faisceaux consulaires, il accorde l'appel au peuple, et fait décréter la peine de mort contre ceux qui exerceront une magistrature sans son consentement.

Il faut bien reconnaître qu'il y avait là un mal nécessaire, et qu'aucun gouvernement ne convenait mieux à Rome que le gouvernement populaire. Dans un État composé de soldats, qui vit par la guerre, une aristocratie s'établit difficilement, parce que les camps sont une école d'égalité, et qu'il n'y a de distinction véritable entre les citoyens que celle du courage et du mérite militaire.

Mais, s'il n'y avait aucun moyen de prévenir un mal qui tenait à la constitution même de Rome, on eût pu y remédier, et c'est ce qu'on ne fit pas, par une organisa-

(1) « La quale suole nascere dallo stato popolare. »

tion plus forte de l'aristocratie. Rien n'eût été plus facile à Valérius Publicola que de faire aux patriciens une plus large part dans le gouvernement, puisque c'étaient les nobles qui avaient chassé les Tarquins, et que le pouvoir qu'ils auraient pris eût semblé la récompense de leurs services. Les plébéiens d'ailleurs savaient obéir; ils se résignèrent plus tard à l'établissement de la dictature, ils supportèrent longtemps l'autorité tyrannique des décemvirs, et ils l'auraient supportée plus longtemps encore, si le Sénat n'était intervenu. On eût pu, en faisant des lois sévères, inspirer au peuple le respect des magistrats; et le pouvoir des patriciens, une fois consacré par la légalité, devenait inattaquable.

Ainsi, pour résumer la pensée de Paruta, la République romaine fut mal constituée dès l'origine. L'élément démocratique y prit trop d'extension, et l'on retrouve, dans la forme même de son gouvernement, le germe des désordres qui causèrent sa ruine.

Polybe (1) et après lui Machiavel (2), pour mieux faire comprendre l'excellence du gouvernement romain, l'avaient comparé à celui de Sparte qui leur inspirait aussi une légitime admiration. Chacun de ces deux États organisés dans un but différent leur paraissait digne de servir de modèle aux peuples modernes: l'un, celui de Sparte, aux républiques qui voudraient simplement conserver leur indépendance, sans chercher à s'agrandir; l'autre, celui de Rome, aux républiques plus ambitieuses, qui entreprennent d'étendre leur empire. Mais ils n'attribuent une supériorité absolue à aucune de ces deux constitutions. Suivant eux, aucune des deux en elle-même ne vaut mieux que l'autre. C'est au législateur à

(1) Polyb. *Histor.*, VI, 50.
(2) Machiavelli. *Discorsi sopra la prima deca di Tito-Livio*, disc. V, VI.

choisir celle qui convient le mieux au but qu'il se propose.

Paruta, au contraire, n'hésite pas entre ces deux formes de gouvernement ; il ne met pas au même rang l'État qui aspire à faire des conquêtes et celui qui se borne à conserver son territoire. Ce dernier lui paraît préférable à l'autre. Aussi revient-il sur le parallèle que Polybe a fait de Rome et de Sparte, et donne-t-il la préférence au gouvernement lacédémonien. C'est là qu'il remarque cette harmonie parfaite des pouvoirs sans laquelle il n'y a pas de bonne constitution. Là, dit-il, entre le peuple et les rois, le Sénat maintenait l'équilibre. Suivant lui, une cause non moins grande de la prospérité de Sparte, c'était la juste dispensation des honneurs et des biens. Les nobles s'étaient réservé les honneurs ; mais l'égalité des biens empêchait le peuple d'en souffrir. Ainsi l'aristocratie était plus puissante et le peuple moins pauvre qu'à Rome ; ces sages mesures donnaient une satisfaction légitime aux besoins des deux ordres dont l'un, comme cela s'est toujours vu à Rome, a le désir du pouvoir, et l'autre la crainte d'être misérable.

Enfin, dit en concluant Paruta, si on avait fait participer plus de citoyens au pouvoir en augmentant le nombre des sénateurs; si on n'eût pas été forcé, au temps de Théopompe, pour affaiblir la trop grande autorité du Sénat, de créer la magistrature des éphores, il n'eût rien manqué au gouvernement de Sparte pour être parfait. Cette constitution qui ménage si bien les intérêts de tous montre à quel point Lycurgue s'était occupé de l'organisation intérieure de la cité. Malgré l'importance qu'il attache à l'éducation militaire, il ne lui sacrifie pas la tranquillité publique ; il ne laisse subsister dans l'État aucun élément de discorde, et il veut que Sparte, fortement organisée pour la guerre, ne le soit pas moins pour la paix.

A Rome, on n'a pas songé à la tranquillité intérieure ; tout est fait pour la guerre, rien pour la paix. La guerre, c'est là la pensée dominante des Romains. Aussi à peine une lutte est-elle terminée qu'ils ne peuvent pas supporter la paix, et que leur activité, qui ne trouve plus d'aliments, s'épuise dans des luttes intestines. Rome décline dès que le monde est à elle et qu'elle ne peut plus conquérir. En résumé, Paruta place les États qui ne cherchent point à s'agrandir, et qui se contentent de conserver ce qu'ils possèdent, beaucoup au-dessus des républiques ambitieuses et conquérantes, et il donne deux raisons de cette préférence. La première, c'est que toute conquête entraîne des injustices, et qu'un bon gouvernement ne doit jamais s'écarter des règles du droit. Paruta reste fidèle aux idées qu'il a développées dans la *Perfection de la vie politique.* On reconnaît là cette sévérité et cette fermeté de principes qui le caractérisent. La seconde, c'est qu'un État qui borne son ambition a plus de chances de durée, comme le prouve l'histoire, qu'un État conquérant.

Il y a bien des choses à dire contre cette opinion, et je ne prétends point donner raison à l'écrivain vénitien. D'abord, comme Machiavel (1) l'a dit éloquemment, les agitations qu'on reproche à la République romaine, les luttes intérieures du Sénat et du peuple n'effrayent pas l'homme politique qui ne s'arrête pas à la surface des choses. A quoi se réduisent, en définitive, tous ces désordres dont on fait tant de bruit? Depuis les Tarquins jusqu'aux Gracques, c'est-à-dire dans l'espace de plus

(1) Machiavelli. *Discorsi*, disc. IV.

de trois cents ans, les troubles n'occasionnèrent à Rome qu'un très-petit nombre d'exils et coûtèrent à peine quelques gouttes de sang. Peut-on les regarder comme bien funestes à une République qui, durant le cours de tant d'années, ne bannit que huit ou dix citoyens, en fit mourir moins encore, et en condamna même très-peu à des amendes pécuniaires? Est-on autorisé à regarder comme désordonné un État où l'on voit briller tant de vertus? Ces vertus tiennent à la bonne éducation des citoyens, et celle-ci n'est due qu'à de bonnes lois. Les bonnes lois, à leur tour, sont le produit de ces agitations que l'on condamne si inconsidérément. Quiconque examinera avec soin les conséquences des mouvements qui ont éclaté à Rome se convaincra que, au lieu de tourner au préjudice du bien public, ils ont été féconds pour la liberté (1).

Paruta, qui se montre si sévère pour le gouvernement de Rome, ne justifie pas celui de Sparte du grave reproche que lui fait Polybe. Lycurgue, dit l'historien grec, en donnant à son peuple une constitution excellente pour un État qui ne veut point s'agrandir, eut dû en même temps lui en ôter l'ambition (2). Qu'importait en effet que Sparte ne fût point organisée pour conquérir si les Spartiates avaient le goût des conquêtes? Et c'est ce qui arriva. Cette nation guerrière voulut soumettre ses voisins; elle s'empara de la Messénie, fut la rivale d'Athènes, tint un instant le premier rang parmi les Républiques grecques, et périt précisément parce que sa constitution, excellente si elle se fût bornée à dé-

(1) Montesquieu a exprimé la même opinion. « On n'entend parler, dit-il, que des divisions qui perdirent Rome; mais on ne voit pas que ces divisions y étaient nécessaires, qu'elles y avaient toujours été et qu'elles y devaient toujours être. » *Grandeur et Décadence des Romains*, ch. 9.

(2) Polyb. *Histor.*, VI, 48.

fendre ses frontières, ne la préserva point des dangers qu'entraîne après lui l'esprit de conquête.

Que de raisons ne pourrait-on pas faire valoir encore contre l'opinion de Paruta ! Peut-on comparer le rôle modeste qu'a joué dans le monde la République de Sparte aux vastes destinées du peuple romain? Celui-ci a-t-il acheté trop cher tant de gloire et tant de puissance au prix de quelques dissensions intestines, qui, après tout, sont la vie des États populaires ? Et si Rome n'a pas vécu aussi longtemps qu'elle eût pu y prétendre avec une constitution plus parfaite, tant d'années de grandeur et de prospérité ne suffisent-elles pas à l'ambition d'un peuple ?

Mais si Paruta témoigne un peu trop d'admiration pour Sparte et n'estime pas assez haut le gouvernement de Rome, il faut se rappeler dans quelles circonstances, à quelle époque et pour quel peuple il écrit. Il est noble, il est vénitien ; la constitution de sa patrie est aristocratique comme celle de Sparte. Ce seul fait expliquerait la préférence qu'il donne à celle-ci sur Rome. On sait quel attachement les patriciens de Venise avaient pour leur pays, avec quel orgueil ils parlaient de ses lois admirées dans toute l'Europe, et combien elles leur paraissaient supérieures à celles des autres États.

D'ailleurs l'opinion de Paruta n'est pas simplement l'expression d'un préjugé patriotique; elle a sa source dans de plus nobles motifs. Ce qu'il attaque dans la constitution romaine, ce sont les deux grands fléaux des Républiques italiennes, la domination du peuple et l'esprit de conquête. Le premier de ces deux malheurs, il ne le redoute pas pour son pays, il a foi dans les institutions de Venise et dans la toute-puissance de l'aristocratie ; mais il se rappelle Florence livrée à tous les excès du gouvernement populaire; les proscriptions des plus illustres familles, les guerres civiles et enfin la tyrannie, conséquence inévitable de la démagogie qui tue la liberté. C'étaient là d'assez tristes spectacles pour qu'un esprit sincèrement amoureux des gouvernements sages se prononçât contre l'État populaire, et, lui attribuant la ruine de Rome, le signalât aux hommes politiques de son temps comme le plus grand danger des sociétés.

Il y a d'ailleurs une part de vérité dans le jugement qu'il porte sur la république romaine. S'il ne se rend pas assez compte des heureux résultats que produit dans un État fortement constitué la rivalité de deux ordres politiques, ce n'est point à tort qu'il accuse les plébéiens d'avoir causé la ruine de la république. Bossuet n'en juge pas autrement.

« Malgré cette grandeur du peuple Romain, dit-il » dans l'*Histoire universelle*, malgré la politique pro- » fonde et toutes les belles institutions de cette fameuse » république, elle portait en son sein la cause de sa ruine » dans la jalousie perpétuelle du peuple contre le Sénat » ou plutôt des plébéiens contre les patriciens. La maxime » fondamentale de la république était de regarder la li- » berté comme une chose inséparable du nom romain. » Un peuple nourri dans cet esprit, disons plus, un » peuple qui se croyait né pour commander, et que » Virgile, pour cette raison, appelle si noblement un » peuple roi, ne voulait recevoir de loi que de lui-même. » Ainsi Rome, si jalouse de sa liberté, par cet amour » de la liberté qui était le fondement de son État, a vu » la division se jeter entre tous les ordres dont elle était » composée (1). »

(1) Bossuet. *Discours sur l'Histoire universelle*, IIIe partie, ch. 6.

Par haine de l'État populaire, Paruta en a mieux fait ressortir les défauts que Machiavel. Il montre, plus clairement qu'on ne l'avait fait avant lui, que l'élément démocratique domine dans la cité, qu'il finit par opprimer les deux autres, et qu'en portant les favoris du peuple au pouvoir il anéantit la liberté.

Mais c'est contre l'esprit de conquête que l'écrivain vénitien s'élève avec le plus de force. Il le combat chez les Romains, parce qu'il le retrouve à Venise et qu'il le regarde comme la cause des revers de sa patrie. Si on se reporte au temps où écrivait Paruta, on verra que les guerres avaient été fatales à la République. Les Impériaux, les Français et les Turcs l'avaient tour à tour vaincue et humiliée; et, si sa puissance déclinait, c'est qu'au lieu de se borner à défendre son territoire, elle avait voulu l'agrandir par des conquêtes. Ses pertes récentes avaient fait dire à Machiavel (1) : « Les conquêtes » sont fatales aux républiques faibles. Sparte et Venise » en sont la preuve. Venise occupait une grande partie » de l'Italie et l'avait acquise moins par les armes que » par son habileté et son or; mais, quand elle eut à » faire preuve de ses forces, elle perdit tout en un jour. »

Ce n'est donc point sans raison que Paruta proclame la supériorité des États qui ne font point de conquêtes, sur ceux qui veulent en faire. Cette maxime était à la fois un conseil dicté par l'expérience et une consolation pour l'orgueil vénitien. Elle apprenait aux citoyens de Venise qu'ils ne devaient point douter de l'excellence de leur constitution; que les malheurs des derniers temps ne prouvaient rien contre elle, et qu'elle n'en restait

(1) Machiavelli, lib. I, discorso VI. « Vinegia avendo occupato gran parte d'Italia, e la maggior parte non con guerra, ma con danari et con astuzia, come la ebbe a fare prova delle forze sue, perdette in una giornata ogni cosa. »

pas moins le modèle des formes de gouvernement. C'était une œuvre patriotique que de raffermir ainsi la foi d'un peuple dans la grandeur de ses institutions, et que de lui rappeler, en invoquant l'autorité de l'histoire au moment même où il perdait une partie de ses conquêtes, que la vraie politique des États qui veulent vivre et rester libres, est de ne point conquérir.

C'est aussi pour donner une satisfaction nouvelle à l'orgueil national, et pour consoler ceux des Vénitiens qui regrettaient trop amèrement les possessions perdues, qu'il compare, dans le premier discours du second livre(1), les destinées de Rome et de Venise, et qu'il explique pourquoi la République n'a pas fondé, comme Rome, un vaste empire. Cette différence dans la fortune des deux États ne prouve pas, assure-t-il, que l'un soit inférieur à l'autre; elle tient uniquement aux conditions diverses dans lesquelles ils ont été fondés et se sont développés.

Rome, bâtie par des brigands, au centre de l'Italie, au milieu de populations belliqueuses, sans cesse obligée de se défendre ou d'attaquer, devint nécessairement une cité guerrière, et, quand de nombreuses victoires lui eurent donné l'ambition de s'agrandir, sa position servit merveilleusement ses projets.

Les commencements de Venise furent bien différents. Fondée par des hommes paisibles qui fuyaient devant Attila, séparée du continent, isolée dans ses lagunes, entourée par les eaux, elle n'eut point à lutter contre ses voisins, ne fit point la guerre de bonne heure, et ne songea d'abord qu'au commerce auquel la mer l'invitait. Si plus tard elle prit les armes, ce fut surtout pour se défendre ou pour écarter des rivaux qui lui disputaient

(1) *Discorsi*, lib. II, disc. I. « Perchè la Repubblica di Venezia non abbia acquistato tanto stato, come fece quella di Roma. »

l'empire de la mer. Il lui arriva cependant de ne pas résister aux occasions qu'elle eut de s'agrandir ; mais, n'étant point née pour la guerre, elle ne tourna point de ce côté toutes ses pensées, comme firent les Romains, et ne se donna jamais cette forte organisation militaire qui est nécessaire aux États conquérants.

C'est par ses armées de terre que Rome conquit le monde : elle avait armé tous ses citoyens. A Venise, au contraire, personne n'était soldat; on n'employait sur terre que des mercenaires; la seule force de la République consistait dans ses flottes. Mais jamais une grande puissance exclusivement maritime n'a pu créer un empire durable, comme on le voit par l'exemple d'Athènes et de Carthage, parce qu'avec une flotte on ne s'empare que des ports, des îles, des lieux voisins des côtes, et qu'on ne pénètre pas dans l'intérieur des pays ennemis.

En résumé, si Rome et Venise ont eu des destinées bien diverses, c'est qu'elles ne se sont point proposé le même but, et que l'une a été guerrière et l'autre commerçante. Mais, dans cette diversité, dit en finissant Paruta (1), elles ont chacune une gloire qui leur est propre. Rome, il faut l'avouer, a été maîtresse du monde; mais elle n'a pu jouir ni longtemps ni dans le calme de tant de grandeur et de prospérité, tandis que Venise, quoique beaucoup moins puissante, est la seule cité qui ait conservé, pendant tant d'années, sa liberté, sans aucun trouble intérieur et avec une union et un accord merveilleux de tous ses citoyens.

(1) « Ma in questa diversità hanno però ambedue la sua laude. Poi, Roma fu signora del mondo; ma nè per molto lungo tempo, nè con quiete de' suoi cittadini, potè ben godere di questa sua tanta grandezza e prosperità. Ma Venezia, benchè con stato assai minore, si è però per tante età e con unico esempio conservata nella sua libertà, sicura di ogni travaglio domestico, e con meravigliosa unione e concordia de' suoi cittadini. »

Les opinions de Paruta sont inspirées par le plus pur patriotisme. Il ne faut pas oublier, en lisant ses *Discours*, qu'il écrit pour l'instruction de ses compatriotes, et qu'il cherche dans l'histoire des républiques anciennes des enseignements pour Venise. Il y a souvent dans son esprit une comparaison toute prête, alors même qu'elle n'est pas exprimée, entre les gouvernements d'Athènes, de Sparte, de Rome et celui de sa patrie.

C'est ainsi que, pour dégoûter les Vénitiens de la guerre qui leur a fait tant de mal, il en expose les conséquences funestes chez les Romains, et montre qu'elle a été l'une des causes principales de la ruine de Rome. Cette idée, déjà exprimée dans le premier *Discours*, est développée dans le septième où il examine l'opinion de Scipion Nasica qui ne voulait pas qu'on détruisît Carthage, dans la crainte que Rome ne s'amollît et ne perdît son ardeur guerrière, après la chute de sa rivale (1). Là n'était point le danger, dit Paruta; ce n'était point la paix ni le luxe qu'elle amène, par le développement de la prospérité publique, qu'il fallait craindre pour Rome; c'était bien plutôt la guerre et cette soif de conquêtes qui l'entraînait sans cesse dans de nouvelles entreprises.

Selon lui, Salluste a tort, quand il se plaint que la ruine de Carthage, en corrompant les mœurs, ait fait plus de mal à Rome que les guerres puniques (2). Il eût accusé plus justement des désordres de son temps, cet esprit ambitieux et conquérant qui, en s'emparant de tous les citoyens, produisit les guerres civiles et entraîna plus tard la chute de la République. Peut-on dire

(1) Discorso VII, lib. I. « Se la distruzione di Cartagine fusse l'origine della ruina della Repubblica di Roma. »

(2) Sallust. *Catilina*, cap. 10. Paruta exagère la pensée de Salluste.

que ce sont les douceurs de la paix qui ont causé la ruine de Rome, puisqu'elle ne les a jamais goûtées? Dans l'espace de 685 ans, le temple de Janus n'a été fermé que deux fois, l'une par T. Manlius, après la première guerre punique, l'autre par Auguste, vainqueur d'Antoine. Rome se reposa-t-elle et s'amollit-elle dans la paix, après la ruine de Carthage ? A quoi lui eût-il servi d'épargner sa rivale, puisqu'elle ne voulait déposer les armes qu'après avoir conquis le monde? La destruction de « cette noble cité » (1) était contraire à la générosité habituelle des Romains qui laissaient vivre les vaincus. Mais il n'y avait aucune raison politique à faire valoir contre l'opinion de Caton : *delenda est Carthago.* C'était une folie que de craindre que Rome manquât d'ennemis et ne trouvât plus d'aliments à son activité. Carthage détruite, les Romains ne se sont-ils pas battus, pendant quatorze ans, en Espagne? N'ont-ils pas eu les grandes guerres de Mithridate, des Cimbres, des Parthes, des Gaules?

Non, il ne faut pas dire qu'il était dangereux pour Rome de se reposer enfin et de mettre un terme à ses conquêtes. Cette corruption dont se plaint Salluste et que prévoyait Scipion Nasica, elle est née de la guerre et non de la paix. Ne sont-ce point les richesses apportées de l'Asie par les vainqueurs qui ont altéré les mœurs? On dit que César corrompit le peuple avec l'argent que la guerre lui avait procuré. Et si on étudie, à leur origine, ces guerres civiles qui ont porté au plus haut degré la corruption publique et causé, en définitive, la ruine de Rome, on verra qu'elles n'ont point commencé au sein de la paix, mais dans les camps et par l'ambition

(1) « Di quella nobile città. »

des chefs militaires. Si la guerre de Jugurtha n'eût point eu lieu, Sylla fût-il devenu le rival de Marius, et cette rivalité eût-elle éclaté, si la guerre de Mithridate n'eût été l'occasion d'une lutte entre les deux plus grands généraux de la République? Quelle fut la force de César? N'est-ce point à son armée et à ses victoires qu'il dut sa toute-puissance? En temps de paix, eût-il asservi Rome?

Paruta insiste aussi avec force sur la faute que fit le Sénat, en prorogeant les commandements militaires entre les mains des mêmes chefs : ce fut là une de ces mesures auxquelles conduisent les nécessités de la guerre et qui compromettent la liberté d'un état.

Machiavel (1) avait fait la même remarque. Quoiqu'il ne blâme pas, comme Paruta, l'esprit conquérant des Romains, il reconnaît qu'on accorda trop aux chefs militaires, et qu'on leur donna les moyens d'asservir la République. Ce fut, dit-il, parce qu'ils étaient restés longtemps à la tête des armées, que Sylla et Marius trouvèrent des soldats tout prêts à marcher sous leurs drapeaux, et que César se rendit maître de sa patrie. Rome, en ne prolongeant pas la durée des magistratures et des commandements militaires, n'aurait peut-être point élevé si promptement l'édifice de sa puissance; mais, en supposant que ses conquêtes eussent été plus lentes, la perte de sa liberté n'eût point été si rapide.

Paruta termine ce discours où il a si bien montré les maux qui naissent de la guerre par une apologie de la paix, à l'adresse de ses concitoyens. Suivant lui, si Rome eût déposé les armes, après la destruction de Carthage, et qu'elle eût été organisée pour la paix, elle eût pu arriver à la véritable perfection politique. Aussi n'était-ce

(1) Machiavelli. *Discorsi*, lib. III, cap. 24.

sans doute pas la paix en elle-même que redoutait Scipion Nasica ; mais, connaissant l'imperfection du gouvernement de Rome, il craignait qu'elle ne pût pas se passer de la guerre, et que, le jour où elle serait paisible, elle ne comprît pas les bienfaits du repos. Car le calme succédant à de grandes guerres amène quelquefois de graves désordres dans les États corrompus où il n'y a ni bonnes lois, ni bonnes mœurs. Il peut amollir les citoyens, les dégoûter des devoirs les plus sacrés, et les rendre dissolus et avides de plaisirs.

Mais la paix véritable, et ici Paruta trace évidemment le tableau de Venise telle qu'elle doit être, celle qu'il faut conseiller aux Républiques comme le premier des biens, prévient les troubles dans la cité, entretient les sentiments généreux, au lieu de les étouffer ; et, loin d'amollir les citoyens, les prépare à s'exposer volontiers aux périls de la guerre, dès qu'il s'agit non d'ambition ni de vaine gloire, mais de l'honneur et de la défense de la patrie.

L'éloge du gouvernement vénitien revient volontiers sous la plume de Paruta ; il trouve une occasion nouvelle d'en proclamer l'excellence et de condamner encore une fois la démocratie et l'esprit de conquête, ses deux grands ennemis, en appréciant les causes qui ont empêché Rome de recouvrer sa liberté, après la mort de César (1).

Les citoyens Romains, qui avaient chassé les rois et les décemvirs, ne purent pas délivrer leur patrie, après la mort de César, parce qu'ils étaient profondément corrompus. Mais c'était dans les camps, c'était par l'armée

(1) Lib. I, discorso VIII. « Perchè Roma, dopo la morte di Giulio Cesare, non potè rimettersi in libertà, come avea per l' addietro fatto, cacciati prima i Tarquini, e dappoi Appio Claudio e gli altri Decemviri. »

qu'avait commencé cette corruption. Les généraux avaient encouragé la licence des soldats, parce qu'ils avaient besoin d'eux pour vaincre leurs ennemis particuliers ou pour opprimer la République. Sylla et Marius avaient abandonné à leurs vétérans le pillage de l'Italie et des provinces. On était tellement habitué à regarder les généraux comme les maîtres de l'État, que Pompée étonna tout le monde par sa modération, lorsqu'en revenant de la guerre contre Mithridate il n'entra point dans Rome avec son armée.

Les patriciens eux-mêmes et le sénat avaient contribué à accroître l'influence des chefs militaires, en donnant un pouvoir immodéré à ceux qui défendaient leur parti contre les généraux du parti populaire. Enfin, le peuple ne tenait plus à la liberté. Composé, en grande partie, d'affranchis et d'étrangers que Scipion Nasica avait appelés jadis les faux fils de l'Italie, il s'était mêlé avec joie aux guerres civiles qui l'enrichissaient et favorisaient ses désordres.

D'ailleurs, César, chef du parti populaire, s'en était fait aimer. Sa magnificence, sa libéralité, sa grandeur d'âme lui avaient gagné les cœurs. Ainsi les deux grandes forces de la République, l'armée et le peuple, étaient dévouées à la tyrannie. Brutus et Cassius ne trouvèrent d'appui nulle part dans Rome et furent obligés d'aller soulever les provinces. Le sénat seul leur était favorable ; mais il n'avait plus d'autorité, et, dans ce corps même qui avait applaudi au meurtre, Antoine et Lépide demandaient qu'on poursuivît les meurtriers.

En résumé, c'est le peuple et l'armée, qui n'était qu'une partie du peuple, qui établirent à Rome la tyrannie et qui l'y maintinrent. Il en arrivera de même partout où l'élément populaire dominera dans la cité. A

Athènes, les excès de la démocratie aboutirent toujours à la tyrannie.

Ici Paruta triomphe en comparant Florence à Venise. L'une, quoiqu'elle ait chassé plusieurs fois les Médecis,  et qu'elle ait même fait périr le duc Alexandre, n'a pu conserver sa liberté, parce qu'elle était « corrompue par l'État populaire (*corrotta per lo stato popolare*) ; » tandis que l'autre, par la forme excellente de son gouvernement où le peuple a peu de part et où domine l'aristocratie, est restée libre et tranquille, au milieu des agitations des républiques italiennes.

Mais la prédilection de Paruta pour les gouvernements aristocratiques et la sévérité avec laquelle il juge la constitution de Rome, ne l'empêchent pas de rendre justice aux grandes qualités du peuple romain. Dès qu'il n'est plus dominé par des considérations patriotiques, et qu'il examine la politique de Rome en elle-même, sans y chercher des leçons pour son pays, il admire sans réserve cette persévérance, cette fermeté, cette grandeur du génie romain, qui ont fait la gloire de la République et qui lui ont soumis le monde. Les différents âges de Rome lui offrent le spectacle le plus digne de fixer à jamais l'attention des hommes politiques, et quand il cherche quelle a été l'époque la plus décisive de son histoire, celle qui a le mieux préparé sa prospérité et sa grandeur, il trouve en tout temps son génie si prêt à tout et si bien d'accord avec les événements qu'il n'ose donner la préférence à aucune d'elles, et qu'il déclare que ses conseils ont toujours été à la hauteur de sa fortune (1).

Pour mieux suivre le développement de l'histoire romaine, Paruta la divise en trois âges : le premier, qu'on

(1) Discorso x. « A quale età della città di Roma si convenga dare maggiore laude e merito della prosperità e grandezza alla quale ella pervenne. »

peut appeler son enfance, comprend le gouvernement des rois ; le second, son adolescence, s'étend depuis la chute des Tarquins jusqu'au commencement de la seconde guerre punique ; et le troisième, qui est sa jeunesse, va jusqu'à la dictature de César.

Paruta montre que chacune de ces époques a produit des hommes qui convenaient à leur temps et qui ont contribué, dans une égale mesure, à la grandeur de leur patrie.

Ainsi les rois, autant qu'ils le pouvaient, et suivant la diversité de leur génie, ont jeté les fondements de la puissance romaine. Romulus, chef de brigands, entouré d'ennemis, fonde une ville forte et qui sait se défendre. Numa, son successeur, donne des lois et une religion à ce peuple déjà organisé pour la guerre. Tullus Hostilius commence les conquêtes. Ancus Martius agrandit la ville, augmente le nombre de ses habitants, et lui donne les proportions d'une cité régulière et bien ordonnée. Tarquin l'ancien, par la pompe de sa cour, apprend au peuple à respecter les signes extérieurs du pouvoir qui ajoutent à la majesté du commandement. Tarquin le Superbe sert lui-même les destinées de Rome, en faisant place à la liberté. Ainsi, au commencement du second âge, Rome était déjà une cité guerrière ; elle possédait des institutions religieuses ; elle renfermait un peuple nombreux ; elle était habituée à respecter la dignité et la majesté du pouvoir ; ses ennemis la redoutaient ; elle haïssait la tyrannie ; en un mot, elle avait déjà reçu l'organisation qui convient à un grand État : elle pouvait vivre et se développer. Aussi conserva-t-on toujours un souvenir pieux des fondateurs de la République ; quand on voulait honorer un citoyen, on l'appelait père de la patrie et on le comparait à Romulus.

Au second âge, de grands citoyens continuent l'œuvre des rois. C'est l'époque de toutes les vertus. Curtius, les deux Décius se dévouent pour la patrie. On connaît le désintéressement de Cincinnatus, de Fabricius, de Paul Émile. Que d'exemples, en même temps, de courage et d'habileté militaire ! Rome lutte contre de terribles ennemis, les Gaulois, les Samnites, Pyrrhus, qu'Annibal regardait comme le plus grand capitaine de l'antiquité après Alexandre. Elle trouve à leur opposer un Camille, un Papirius Cursor, un Fabricius. Ses institutions militaires s'affermissent et se complètent; on décerne le triomphe aux généraux et des récompenses aux soldats. C'est alors que s'établit cette discipline excellente qui fit la force des armées romaines. Pendant toute la période qui s'étend de la chute des Tarquins à la seconde guerre punique, Rome ne dépose pas une seule fois les armes.

Deux institutions surtout qui datent du second âge, la dictature et les colonies, contribuent à la prospérité de la République.

La dictature, dont Machiavel avait déjà démontré tous les avantages (1), sauve Rome dans les périls pressants. Paruta eût pu rappeler, à ce propos, que Machiavel la compare au Conseil des Dix à Venise, et loue le gouvernement vénitien d'avoir créé, à l'imitation de Rome, une magistrature suprême qui peut, dans les temps de crise, réunir tous les pouvoirs et sauver la patrie, sans attenter à la liberté. Ce passage méritait d'autant mieux d'être remarqué par un Vénitien que l'écrivain florentin y dit, en propres termes, que la République de Venise est digne de la réputation de sagesse

(1) Machiavelli. *Discorsi*, lib. I, cap. 34.

dont elle jouit. Un tel hommage dans la bouche de Machiavel est significatif ; il montre en quelle estime tous les hommes politiques tenaient la constitution vénitienne. On s'explique mieux ainsi et on excuse davantage la prédilection exclusive des politiques vénitiens pour le gouvernement de leur pays, et la complaisance avec laquelle ils en énumèrent tous les mérites. L'admiration de l'Europe les avait éblouis. Ils ne se contentaient pas de dire que Venise était bien gouvernée. Ils voulaient qu'elle le fût mieux qu'aucun État ne l'avait jamais été.

Les colonies (1) ne contribuèrent pas moins que la dictature à la tranquillité de Rome, ainsi qu'à l'affermissement de son pouvoir ; elles eurent un double avantage ; elles débarrassèrent la ville d'un grand nombre de citoyens, et tinrent en respect les ennemis. « Les colonies romaines, dit Bossuet, établies de tous côtés dans l'empire, faisaient deux effets admirables ; l'un de décharger la ville d'un grand nombre de citoyens et la plupart pauvres ; l'autre, d'accoutumer peu à peu ces peuples étrangers aux mœurs romaines (2). »

Pendant tout le second âge, la constance et la fermeté des patriciens furent admirables. Après le sac de Rome par les Gaulois, ils ne désespérèrent pas de la fortune de la République et ne voulurent point abandonner cette ville détruite qu'avaient habitée leurs pères, pour se réfugier à Véies, sur la terre étrangère. Sans ce respect des traditions qui attachaient les destinées glorieuses de Rome au lieu même où elle avait été bâtie, que serait devenue la République? La sagesse du sénat ne se montre pas moins dans l'histoire des troubles civils. N'est-il pas

(1) Machiavelli. *Discorsi*, lib. II, cap. 6.
(2) Bossuet. *Discours sur l'Histoire universelle*, IIIe partie, ch. 6.

merveilleux qu'au milieu des querelles du sénat et du peuple, il n'y ait pas eu une seule goutte de sang répandue, avant la seconde guerre punique?

Mais ce qui prouve le mieux, ajoute Paruta, la vertu des Romains de cet âge, c'est qu'ils aient pu secouer le joug de deux tyrannies, de celle des rois et de celle des décemvirs, tandis que, dans l'âge suivant, on ne sut même pas profiter de l'abdication de Sylla.

Paruta n'aime pas plus la tyrannie d'un seul ou de plusieurs que la démocratie, et son principal argument contre celle-ci, c'est qu'elle conduit inévitablement au despotisme. La liberté, suivant lui, a toujours été plus chère à l'aristocratie qu'au peuple ; et qui oserait le contredire? Les derniers républicains de Rome, Brutus et Cassius, n'étaient-ils pas des patriciens? Et, de nos jours, parmi les États déjà vieux, le gouvernement aristocratique de la Grande-Bretagne n'est-il pas celui qui a su le mieux supporter et conserver la liberté?

Quand on considère les vertus et les entreprises des Romains du second âge, on voit que, pour être plus illustres, il ne leur a manqué qu'un plus grand théâtre. Mais ceux du troisième âge, sans être peut-être supérieurs à leurs devanciers, eurent le bonheur de venir dans un temps où tout était possible, et portèrent si haut la gloire de Rome, qu'ils éclipsèrent tout ce qui les avait précédés. C'est là un des caractères merveilleux de l'histoire romaine. On croit toujours, en la lisant, être arrivé à l'époque la plus remarquable, quand on s'aperçoit que celle qui suit est plus brillante encore.

Le troisième âge de Rome s'ouvre par la seconde guerre punique où la République, dit Montesquieu (1),

(1) Montesquieu, *Grandeur et Décadence*, ch. 4.

fut un prodige de constance. C'est cette grande époque de l'histoire romaine qui faisait dire à Saint-Évremond : « Pour voir la République dans toute sa vertu, il faut la » considérer dans la seconde guerre de Carthage. Elle a » eu auparavant plus d'austérité ; elle a eu depuis plus » de grandeur ; jamais un mérite si véritable (1). » Paruta, malgré l'admiration que lui inspire la constance des Romains aux prises avec Annibal, n'est pas tout à fait du même avis. Il lui semble qu'en toute occasion Rome a été égale à elle-même et supérieure à la fortune. Il est impossible de faire un plus bel éloge de la vertu romaine.

Il n'admire pas moins les guerres de Jugurtha, de Mithridate et des Gaules que la seconde guerre punique. Il considère même les généraux des derniers temps de la République comme les plus grands qu'ait eus Rome, à cause de l'éclat qu'ils ont donné au nom romain et des immenses possessions qu'ils ont ajoutées à l'empire. Qui peut-on comparer à César et à Pompée, qui ont soumis l'un et l'autre plus de huit cents villes ? Sans doute, si Rome n'eût pas été sauvée plusieurs fois, si elle n'était pas sortie victorieuse de toutes les épreuves qu'elle a traversées, ces grands hommes n'eussent point eu occasion de faire preuve de tant de valeur et de génie. Mais, en définitive, il arrive ici ce qui se remarque dans tous les arts, en peinture, en sculpture, en architecture. Les premiers venus dans la carrière ne font qu'ouvrir la voie, et, malgré leur mérite, ils sont presque toujours éclipsés par leurs successeurs. Quand une belle œuvre paraît, on oublie les artistes primitifs, et la gloire en revient tout

(1) Saint-Évremond. *Réflexions sur les divers génies du Peuple romain dans les divers temps de la République*, ch. 7.

entière à celui qui l'a faite, quoiqu'il se soit servi d'un instrument déjà perfectionné par d'autres.

En résumé, chaque âge de la République a produit les citoyens qui lui convenaient. Si, dans le premier, on avait voulu trop s'agrandir, Rome eût été écrasée par ses voisins; si, dans le second, les Romains avaient tenté des entreprises au-dessus de leurs forces, et s'ils étaient sortis de l'Italie avant d'avoir bien assuré leur puissance dans la péninsule, ils couraient risque de ne point porter la République à ce point de grandeur où elle est parvenue. Enfin, si, dans le troisième, Rome fût restée au-dessous de sa fortune, et n'eût point eu des généraux capables de concevoir et d'exécuter les plus grands desseins, elle n'aurait jamais conquis le monde.

Ces considérations sur le génie des Romains conduisent Paruta à parler de l'art de la guerre qu'ils ont poussé si loin, et qui a été la principale cause de leur succès. C'est là le sujet du XIIe discours (1).

Paruta le commence par un nouvel hommage rendu à la politique de Rome. Elle a eu beaucoup de prospérité, dit-il, mais c'est à sa vertu et à des causes certaines qu'il faut l'attribuer. Machiavel n'eût pas mieux dit dans ce chapitre où il combat si éloquemment l'opinion de Plutarque, qui regarde la grandeur de Rome comme l'œuvre de la fortune (2). Polybe, plus juste que Plutarque, attribue les succès continuels des Romains à deux grandes qualités, qui sont la constance dans la mauvaise fortune et la modération dans la bonne. Sans doute, dit Paruta, ce sont là des vertus nécessaires à

(1) Lib. I, discorso XII. « Perchè la Repubblica di Roma, tutto che in diverse battaglie ricevesse grandissime rotte, nondimeno nella fine di tutte le guerre, riuscisse con victoria. »

(2) Machiavelli. *Discorsi*, lib. II, cap. 1.

tout État comme à tout homme ambitieux ; mais on en a vu bien des exemples dans les républiques grecques, sans qu'elles aient eu les mêmes succès que Rome.

Il faut donc chercher une autre cause de la prospérité constante de la République romaine : on la trouvera, suivant l'auteur des *Discours politiques*, dans ses institutions militaires qui étaient admirables.

A Rome, tous les citoyens étaient soldats ; personne n'était étranger au métier des armes ; c'est à l'armée que les jeunes patriciens se faisaient connaître et obtenaient la faveur populaire. Il n'y avait qu'un moyen d'arriver aux honneurs, aux grandes charges de la République, c'était de se distinguer à la guerre. Cet esprit militaire entretenait entre tous les citoyens une émulation de courage et d'habileté qui les rendait invincibles. Ceux même qui, à l'époque où l'amour des lettres pénétra dans Rome, les cultivèrent, n'échappèrent point à cette obligation de porter les armes et le firent souvent avec honneur. Cicéron fut proconsul en Cilicie et battit les Parthes. Aussi Rome ne manqua-t-elle jamais de généraux. Il y avait toujours dans une armée cinq ou six officiers d'élite tout prêts à remplacer leur chef s'il était tué ou hors de combat. Cette ambition des lieutenants et ce désir qu'avait chacun d'eux de faire quelque action d'éclat pour obtenir un commandement, ne diminuaient pas l'esprit d'obéissance et ne nuisaient pas à l'autorité du général, parce que la discipline était sévère et que les consuls avaient un pouvoir absolu. Aussi, dès le commencement de la République, voyons-nous que les défaites qu'elle essuie sont aussitôt réparées. La dureté d'Appius, le décemvir, révolte et décourage les soldats ; ils se laissent battre par les Èques et par les Sabins ; mais Quintius, nommé consul, rend l'ardeur à l'armée et met en dé-

route les ennemis. Quand des tribuns militaires, des plébéiens sans expérience, Génutius et Titinius, ont été défaits par les Èques, les Fidénates et les Falisques, Q. Servilius et Camille, qui leur succèdent, remportent d'éclatantes victoires.

Pour montrer la force des institutions militaires de Rome, Paruta examine sa conduite, comme on l'a fait après lui, dans les deux guerres périlleuses qu'elle eut à soutenir contre Pyrrhus et contre Annibal.

Vaincus d'abord par Pyrrhus, effrayés par les éléphants, les Romains ne se laissèrent point abattre ; ils savaient bien qu'ils finiraient par l'emporter. Cette défaite fut pour eux une leçon. Ils étudièrent la tactique des Grecs, comprirent les défauts de la phalange et réparèrent par leur habileté, autant que par leur courage, les fautes qu'ils avaient commises dans une première rencontre. C'est ainsi qu'ils se formaient, comme tous les peuples militaires, à l'école de leurs ennemis. Mais il fallait, pour résister si résolûment à un général consommé, et pour profiter si bien des revers, qu'ils eussent une confiance absolue dans la force de leurs institutions et cette expérience qui ne s'acquiert que par une longue habitude de la guerre. Les Samnites qui, après leur avoir si longtemps résisté, avaient fini par succomber, leur apprirent à supporter la mauvaise fortune et à ne jamais désespérer de la victoire.

C'est surtout dans la seconde guerre punique que se révèle la forte organisation de Rome. Elle entretient des armées en Italie, en Espagne, en Afrique, en Grèce. Comme il n'y a pas un seul citoyen inutile et que, dans une ville organisée pour la guerre, chacun porte les armes, elle peut mettre sur pied cent mille hommes à la fois. Elle a aussi cet art admirable de diviser ses forces et de ne jamais les hasarder tout entières dans une seule bataille. Elle tient toujours en réserve une armée toute prête à remplacer celle qui peut être vaincue, et, comme elle fait acheter chèrement la victoire, l'ennemi qui, après beaucoup de pertes, croit avoir détruit toutes ses forces, se trouve tout à coup en face de nouvelles troupes dont il n'avait pas soupçonné l'existence et qui ne seront pas les dernières. Battus par les Gaulois Tigurins et par les Cimbres, dans deux sanglantes batailles qui eussent ruiné une autre république, elle a en réserve l'armée victorieuse de Marius. Après les batailles de Trasimène et de Cannes, elle se relève par les succès qu'elle obtient en Espagne, et quand en Espagne elle perd deux armées, elle triomphe en Sicile et en Italie. Pendant que deux armées carthaginoises, celle d'Annibal et celle d'Asdrubal, sont en Italie, Rome conserve et renforce ses troupes en Sardaigne, en Sicile, en Gaule et en Espagne, et si elle s'expose à de continuels périls, elle y gagne du moins d'avoir des soldats toujours aguerris.

Un des avantages de la constitution militaire de Rome que Paruta indique et qui devait être remarqué à Venise, parce qu'on ne l'y avait jamais eu, c'est qu'elle lui a permis de commencer ses guerres sans argent. Ayant pour soldats ses citoyens, qui, la campagne finie, revenaient cultiver leurs champs, elle ne les payait pas ; et quand plus tard, engagée dans de grandes entreprises, elle fut obligée de payer ses troupes pour les soutenir, le trésor public était si bien garni qu'elle ne manqua jamais de ressources. Il arriva même, dit Machiavel (1), que, grâce au butin considérable dont le produit était versé dans le trésor et à l'établissement des colonies, Rome s'enrichit

(1) Machiavelli. *Discorsi*, lib. II, cap.

par la guerre qui est pour les États moins sages une cause de ruine.

Paruta, avec l'orgueil d'un Italien qui aime Venise, mais qui aime aussi la patrie italienne, regarde la position de Rome et l'avantage qu'elle eut de disposer des forces de l'Italie entière, comme une des causes générales de sa puissance. La péninsule, en effet, était habitée par des peuples belliqueux qui, soumis aux Romains, entrèrent dans leurs armées et prirent la plus grande part à leurs conquêtes. Les guerres les plus difficiles que Rome eut à soutenir furent certainement celles d'Italie. On sait combien de temps et de soldats lui coûta la guerre des Samnites. Dans quel danger la guerre sociale ne mit-elle pas la République? Mais ces terribles ennemis, une fois vaincus et incorporés dans les armées romaines, rien ne put résister à celles-ci. Aucun pays n'eût pu mettre sur pied autant de soldats que l'Italie. On vit de quelles forces énormes elle pouvait disposer, quand, sur le bruit de l'arrivée des Gaulois, un peu avant la seconde guerre punique, on fit le relevé des hommes en état de porter les armes. A une époque où Rome était loin d'être arrivée au plus haut degré de sa puissance et où elle n'avait même pas soumis toute l'Italie, elle eût tiré sans peine de la ville et du pays de ses alliés, c'est-à-dire d'une contrée qui n'était guère plus grande que les États du pape et de Naples, sept cent mille hommes de pied et soixante-dix mille cavaliers (1).

Dans ses considérations générales sur les institutions militaires de Rome, Paruta touche à une question que Machiavel a longuement traitée, celle de la supériorité de l'infanterie sur la cavalerie (2). Elle préoccupait alors

(1) Polybe. *Histor.* VI. Florus.

(2) Machiavelli. *Discorsi*, lib. II, cap. 18.

tous les hommes politiques qui désiraient l'affranchissement de l'Italie. L'usage de n'employer dans les armées que de la cavalerie, introduit par les *condottieri*, avait été souvent fatal aux républiques italiennes. On le regardait comme la cause principale des nombreuses défaites que les Italiens avaient essuyées dans leurs guerres contre les ultramontains.

Aussi Machiavel, dont on ne peut contester le patriotisme, s'élève-t-il avec force contre cette déplorable coutume. Les Romains chez les anciens, et les Suisses chez les modernes, lui servent d'exemples pour montrer ce que peut l'infanterie. Il y avait très-peu de cavalerie dans les armées romaines dont les fantassins formaient la principale et presque la seule force. On vit même, dans deux occasions décisives, combien les généraux romains comptaient plus sur l'infanterie que sur la cavalerie. A la bataille du lac Régille, une des plus sanglantes de leur histoire, l'armée romaine commençait à plier, quand les cavaliers mirent pied à terre et rétablirent le combat. Au siége de Fora, il y eut un engagement entre la cavalerie romaine et celle des assiégés : pour vaincre leurs ennemis, les Romains descendirent de cheval. L'infanterie suisse a tenu tête à la meilleure gendarmerie de l'Europe. A Novare, neuf mille de ces fantassins ont battu dix mille hommes de cavalerie et autant de gens de pied. A Marignan, vingt-six mille d'entre eux ont disputé la victoire, pendant deux jours, à une armée de soixante mille hommes et à l'élite de la chevalerie française.

Il est curieux de voir poser par Machiavel, qui avait lui-même dirigé les opérations de l'armée florentine, un des grands principes de l'art moderne, principe longtemps contesté et qui ne fut accepté définitivement en France qu'après les victoires du grand Condé.

Après un coup d'œil général sur plusieurs institutions militaires de Rome, Paruta entre dans quelques détails et examine l'ordonnance de l'armée romaine. La légion, comme l'ont montré Polybe (1) et Tite-Live (2), lui paraît évidemment supérieure à la phalange qui, avant les Romains, passait pour invincible. Il compare l'un à l'autre ces deux corps, comme le fit depuis Bossuet en traduisant Polybe. « A considérer seulement la nature des » armées romaines et de celles des Macédoniens, dit » Bossuet, les dernières ne pouvaient manquer d'être » battues à la longue, parce que la phalange macédo- » nienne qui n'était qu'un gros bataillon carré, fort épais » de toutes parts, ne pouvait se mouvoir que tout d'une » pièce, au lieu que l'armée romaine, distinguée en pe- » tits corps, était plus prompte et plus disposée à toute » sorte de mouvements (3). »

Aussi Pyrrhus, quoique élevé à l'école des successeurs d'Alexandre, modifia-t-il la phalange quand il eut vu l'ordonnance des armées romaines. Annibal, après les premières batailles qu'il livra aux Romains, fit prendre à ses soldats les armes romaines. Celles-ci, en effet, étaient tout à fait supérieures à celles des autres nations. Paruta fait remarquer l'avantage que donnaient aux soldats du premier rang les longues lances dont ils étaient armés. L'ennemi s'épuisait en efforts pour couper ou pour écarter ces armes formidables, avant d'engager le combat corps à corps. Les soldats romains étaient admirablement protégés par un bouclier large et solide ; leur

(1) Polybe. *Histor. in Excerptis*, lib. XVII, cap. 34.
(2) Liv. Lib. IX, 19 ; lib. XXXI, 39.
(3) Bossuet. *Discours sur l'Histoire universelle*, IIIe partie, ch. 6.

épée était légère et de la trempe la plus fine; elle ne les fatiguait point et ne s'émoussait pas dans le combat; c'était celle des Espagnols qu'ils avaient adoptée (1); car ils prenaient toujours chez leurs ennemis ce qui leur paraissait utile à l'art de la guerre. Ils apprirent des Carthaginois à construire leurs vaisseaux et de Pyrrhus à fortifier un camp.

La supériorité de leurs armes leur donna un grand avantage sur leurs ennemis et particulièrement sur les Gaulois armés de boucliers trop petits qui ne les protégeaient pas, et d'épées longues et pesantes qui se tordaient dans leurs mains (2).

Avec tous ces avantages, les troupes romaines n'avaient aucun de ces défauts qu'on reproche avec raison aux soldats mercenaires, et qui ont souvent déshonoré les armées modernes. Jamais elles ne se dispersaient pour piller, parce que le butin était mis en commun et partagé, avec une bonne foi parfaite, entre ceux qui avaient combattu et ceux qui avaient formé la réserve. En pays conquis, les soldats romains n'étaient ni insolents ni avides, comme les *condottieri* et les lansquenets, qui traitaient souvent leurs alliés en ennemis. Il y avait des peines très-sévères contre ceux qui opprimaient les sujets de Rome, et le Sénat fit toujours rendre aux vaincus les biens qu'on leur avait pris injustement. Aussi la plupart des nations supportèrent-elles avec patience le joug des Romains, une fois qu'elles l'eurent subi, jusqu'au

(1) *Fragment de Polybe*, rapporté par Suidas, *au mot* Μάχαιρα.

(2) « Les Romains eurent bien des guerres avec les Gaulois, dit Montesquieu. L'amour de la gloire, le mépris de la mort, l'obstination pour vaincre, étaient les mêmes chez les deux peuples, mais leurs armes étaient différentes. Le bouclier des Gaulois était petit et leur épée mauvaise. Aussi furent-ils traités à peu près comme, dans les derniers siècles, les Mexicains l'ont été par les Espagnols. » *Grandeur et Décadence des Romains*, ch. 4.

temps où les mœurs se corrompirent et où les provinces furent livrées aux exactions des proconsuls.

Un peuple aussi appliqué à la guerre ne pouvait négliger la marine. Dès qu'il eut appris à construire des galères, il eut toujours une flotte capable de seconder les entreprises qu'il faisait sur terre. Ses vaisseaux transportaient des armées en Sicile, en Espagne, en Afrique et en Asie.

Enfin, dit Paruta en terminant son discours, Rome ne se bornait pas à avoir des institutions admirables : elle savait s'en servir. Aucune nation ne fut plus hardie ni plus persévérante dans ses desseins. Il ne lui suffisait pas d'écarter les périls pressants. Quand une guerre était commencée, les Romains ne se reposaient pas qu'elle ne fût finie, et ne faisaient jamais la paix que vainqueurs (1). Après la terrible bataille dans laquelle le consul Atilius fut vaincu par les Gaulois, Rome envoie immédiatement une seconde armée pour les combattre. Cette armée remporte la victoire : quarante mille barbares sont taillés en pièces. Mais les vainqueurs ne s'arrêtent pas là : pour prévenir de nouvelles guerres, ils poursuivent les ennemis dans leur pays et s'emparent des villes de la Lombardie. Quand Asdrubal, qui amenait une armée à son frère, est vaincu, près du Métaure, par le consul Néron, les Romains échappés à ce péril n'attendent pas une nouvelle attaque des Carthaginois ; mais ils portent la guerre en Espagne d'où était parti Asdrubal, pour y écraser leurs ennemis et les empêcher d'envoyer de nouveaux secours à Annibal. Quelle puissance eût pu résister à un peuple que les revers n'abattaient pas, et qui

(1) « Après avoir commencé l'affaire, ils n'étaient jamais contents jusqu'à ce que tout fût fait. » — Bossuet. *Discours sur l'Histoire universelle*, IIIe partie, ch. 6. — *Voyez* aussi Montesquieu. *Grandeur et Décadence*, ch. 1.

ne se croyait pas victorieux tant qu'il lui restait quelque chose à faire?

Les institutions militaires ont été si fortes à Rome et si bien établies que ce sont elles, comme le montre Paruta dans un autre discours, qui, au milieu de la corruption générale des mœurs, ont fait vivre l'empire romain (1). Car si on s'étonne que ce grand corps soit tombé si vite quand il a été entamé par les barbares, on ne s'étonne pas moins qu'ayant été gouverné par de si mauvais princes, il ait pu durer aussi longtemps.

Le vrai secret de sa force, sans parler de quelques empereurs qui ont retardé sa chute, c'est qu'il était tombé entre les mains des soldats, et que ceux-ci ayant conservé l'excellente discipline des armées romaines, demeuraient invincibles. Malgré leurs désordres, malgré les guerres qui éclatèrent entre eux pour l'élection des empereurs, aucune province ne se détachait de l'empire, parce qu'ils maintenaient tout dans l'obéissance. Paruta ne veut point ici justifier le despotisme militaire : nous avons vu qu'il l'accusait d'avoir perdu la République, et qu'il attribuait à l'armée l'élévation de Marius, de Sylla et de César. Il montre seulement, avec l'impartialité d'un historien, que ce mal, qui était devenu nécessaire par la faute de la constitution romaine, a porté son remède en lui-même pendant plusieurs siècles, et qu'ayant détruit la République, il pouvait seul sauver l'empire.

C'est là aussi l'opinion de Montesquieu. « Les Ro-» mains, a dit l'auteur de la *Grandeur et décadence*, » parvinrent à commander à tous les peuples, non-seu-

(1) *Discorso* XI. « Come l'imperio Romano caduto spesso in persone vili e scelerate abbia potuto per lunga serie d'imperatori conservasi; e per quali cagioni rimasse finalmente distrutto. »

» lement par l'art de la guerre, mais aussi par leur pru-» dence, leur sagesse, leur constance, leur amour pour » la gloire et pour la patrie. Lorsque, sous les empe-» reurs, toutes ces vertus s'évanouirent, l'art militaire » leur resta, avec lequel, malgré la faiblesse et la cor-» ruption de leur prince, ils conservèrent ce qu'ils avaient » acquis. » Mais, ajoute-t-il, et c'est là aussi la conclusion de Paruta, « lorsque la corruption se mit dans » la milice même, ils devinrent la proie de tous les » peuples (1). »

En effet, tant que la discipline se conserva dans l'armée, l'unité de l'empire se maintint, même sous les plus cruels tyrans, même sous Domitien, sous Commode et sous Caracalla. Mais il fallait bien qu'à la fin la discipline s'altérât; les gens de guerre étaient trop corrompus pour ne pas se relâcher peu à peu de ces maximes sévères qui avaient fait la force des armées romaines. Ils étaient maîtres de tout; ils donnaient l'empire; ils allèrent jusqu'à le vendre et jusqu'à tuer les empereurs qui osaient leur prescrire des ordres. Quand des soldats ne reconnaissent même plus l'autorité des chefs qu'ils ont nommés, ils sont bien près de ne plus se soumettre aux lois militaires. Avec l'obéissance, la discipline se perd.

Les prétoriens s'amollirent les premiers. C'était originairement l'élite de l'armée, les soldats les plus braves et les plus disciplinés que l'empereur attachait à sa personne. Mais l'oisiveté dans laquelle ils vivaient, leur séjour à la ville, leur éloignement des camps, les déshabituèrent peu à peu des exercices militaires, et affaiblirent leur courage. Incapable de supporter les fa-

(1) Montesquieu. *Grandeur et Décadence*, ch. 18.

tigues de la guerre, cette garde des empereurs, qui avait toujours passé pour invincible, se laissa vaincre par les barbares. Dès lors le prestige du nom romain disparut, et comme la corruption s'était étendue à toutes les troupes, il fallut avoir recours aux barbares pour arrêter les barbares. L'empire se mit ainsi à la merci de ses ennemis, qui vinrent apprendre l'art de la guerre au milieu des armées romaines, pour s'en servir ensuite contre elles.

« Ainsi, dit Montesquieu après Paruta (1), les Ro-
» mains établissaient des usages tout contraires à ceux
» qui les avaient rendus maîtres de tout; et comme autre-
» fois leur politique constante fut de se réserver l'art mili-
» taire et d'en priver tous leurs voisins, ils le détruisaient
» pour lors chez eux et l'établissaient chez les autres. »
Ils en vinrent jusqu'à abandonner leurs propres armes. Végèce (2) dit que les soldats, les trouvant trop pesantes, obtinrent de quitter leur cuirasse et ensuite leur casque, de façon qu'exposés aux coups sans défense, ils ne songèrent plus qu'à fuir. Il ajoute qu'ils avaient perdu la coutume de fortifier leur camp, et qu'à cause de cette négligence, leurs armées furent enlevées par la cavalerie des barbares.

Ce n'est point assurément à la valeur des Goths ni des autres peuples du Nord qu'il faut attribuer la chute de l'empire : c'est avant tout à la corruption des mœurs et à la perte de la bonne discipline. Rome qui avait résisté à Annibal et soumis les Gaulois et les Espagnols, si belliqueux, eût soutenu le choc des barbares si elle avait eu les mêmes institutions et les mêmes soldats.

(1) Montesquieu. *Grandeur et Décadence*, ch. 18.
(2) Veget. *De re militari*, lib. I, c. 20.

Mais, dit Paruta, les États s'agrandissent et se conservent par les principes auxquels ils doivent leur origine, et se perdent par les principes contraires.

A la fin de ce discours, Paruta trace rapidement l'histoire des dernières années de l'empire. Il signale les humiliations des empereurs, obligés de payer tribut et de céder des terres aux barbares ; les progrès des Goths qui, sous Valens, viennent assiéger Constantinople, et enfin la terrible invasion des Huns, qui lui rappelle, comme on devait s'y attendre, la fondation de Venise. Il semble même n'avoir parlé d'Attila que pour parler de sa patrie.

Son patriotisme ingénieux devait amener l'éloge de Venise à la suite de ces considérations sur la décadence de l'empire romain. C'est dans les lagunes, dit-il, que se sont réfugiés et conservés les restes de la grandeur de l'Italie.

Cette courte phrase, placée là à dessein, révèle une pensée ambitieuse qui craint de s'exprimer plus clairement, mais que comprennent sans peine les Vénitiens. Aux yeux de Paruta, c'est Venise qui a reçu l'héritage de Rome ; elle seule, parmi les cités italiennes, a conservé le pur sang italien sans aucun mélange avec les races barbares ; elle seule représente dans l'Italie moderne l'élément ancien. C'était l'ambition des Vénitiens de tenir le premier rang parmi les peuples de même origine, et de remplacer Rome, autant que le permettait la différence des temps et des mœurs. Leurs destinées ne leur semblaient ni moins glorieuses ni moins grandes que celles des Romains. Nous avons vu avec quelle complaisance Paruta (1) établit un parallèle entre les deux

(1) Libro II, discorso I.

républiques : il attribue à chacune d'elles, et c'était là l'opinion de tous les Vénitiens, un mérite égal, quoique différent. Si l'une a été plus puissante, l'autre a été plus heureuse, et sa prospérité a duré plus longtemps. Elles ont chacune une gloire qui leur est propre. Mais cette comparaison est plus flatteuse encore pour l'orgueil vénitien, si on reconnaît entre elles une filiation qui fait de Venise l'héritière directe et comme prédestinée de Rome.

Jugements sur quelques faits historiques. — Hypothèses.

De toutes les périodes de l'histoire romaine, celle qui a le plus frappé un grand nombre d'historiens, c'est assurément la seconde guerre punique. Quoique Paruta ne la considère pas, nous l'avons vu, comme la plus glorieuse de la République, c'est cependant elle aussi qui lui suggère le plus de réflexions et qui semble l'occuper davantage. Il y trouve l'occasion de comparer entre eux deux génies bien différents, Fabius Maximus et Scipion l'Africain, tous deux nobles, intrépides, également versés dans l'art de la guerre, tous deux dévoués au bien public et pleins d'amour pour leur pays, mais qui l'ont servi par une conduite tout opposée (1). Fabius Maximus prévint la ruine de la République en arrêtant les progrès d'Annibal en Italie; Scipion la rendit toute-puissante par la victoire de Zama. L'un était méthodique, temporiseur et prudent, l'autre hardi et entreprenant. C'est l'honneur de Fabius d'avoir été jugé digne de tenir tête à Annibal, quand les affaires de Rome semblaient

(1) Lib. I, discorso IV. « Di due famosi capitani, Q. Fabio Maximo e P. Scipione africano quale nel maneggiare la guerra apportasse alla Repubblica di Roma maggior beneficio. »

désespérées. Paul-Émile disait de lui, avant la bataille de Cannes, que son suffrage valait mieux que celui de tout le peuple romain. Quelle admiration n'inspire-t-il pas quand on le compare à Flaminius et à Varron, qui, par leur témérité, avaient perdu leurs armées! Annibal lui-même lui rendait hommage, et craignait plus la circonspection de Fabius que l'ardeur des autres généraux romains. Sans Fabius, Rome était peut-être perdue.

D'un autre côté, Scipion n'est-il pas le premier qui ait ouvert le chemin aux armées romaines, et préludé par l'asservissement de l'Afrique, à la conquête du monde? Si Fabius sauve la République pour un temps, Scipion ne la délivre-t-il pas d'Annibal, son plus terrible ennemi? Le mérite de l'un est d'avoir soutenu la puissance romaine, et celui de l'autre de l'avoir agrandie. La différence des époques, autant que la diversité de leur génie, explique leur conduite. L'audace convenait à Scipion et la prudence à Fabius. Celui-ci ne pouvait rien hasarder: quand il fut nommé dictateur, la perte d'une bataille eût été fatale à la République. Celui-là, loin de Rome, sur la terre étrangère, n'aventurait que son armée, et mettait l'ennemi dans le plus grand péril. S'il était vaincu, Rome tenait en réserve d'autres armées et d'autres généraux; mais, s'il était vainqueur, Carthage était perdue sans retour.

En résumé, dit Paruta, Fabius et Scipion acquirent une gloire égale, grâce à une conduite différente, également justifiée par le succès.

Le défaut de ce parallèle, mal imité de ceux de Plutarque, c'est de n'aboutir à aucune conclusion. En comparant deux hommes qui n'ont entre eux aucun rapport de génie et qui ont agi dans des circonstances très-différentes, on ne sait auquel des deux donner la préférence. Il n'y a pas de point de comparaison. Le seul intérêt d'une telle étude est de faire mieux ressortir, par le contraste des situations, tout ce qu'il y a eu d'habile et de réfléchi dans leur conduite.

Paruta, qui n'oublie jamais le point de vue d'utilité, veut faire de ce parallèle un enseignement pour les généraux modernes. Mais la leçon qu'il en tire est médiocrement instructive. Un homme de guerre n'a pas besoin du double exemple de Fabius et de Scipion pour savoir qu'il doit être prudent ou hardi, suivant les circonstances.

Cette même guerre punique fournit heureusement à Paruta la matière de réflexions plus intéressantes. Il examine le parti que prit Annibal de passer en Italie et il en énumère les avantages et les inconvénients (1). C'est une question que Machiavel avait déjà traitée d'une menière générale (2).

Quoique Paruta fasse comprendre tout ce qu'avait d'héroïque l'entreprise du général carthaginois, et qu'il montre parfaitement quelles étaient ses chances de succès, il semble, comme Machiavel, le blâmer d'avoir porté la guerre en Italie. Les raisons qu'il fait valoir en sa faveur sont excellentes; mais il insiste davantage sur les inconvénients du projet.

Annibal, dit-il, n'était pas libre : il savait qu'une partie du Sénat de Carthage ne voulait pas la guerre, et que, s'il ne se portait pas tout de suite aux entreprises les plus hardies pour rendre la paix impossible, il serait infailliblement rappelé. D'ailleurs, il fallait à tout prix éloi-

(1) Disc. v. « Se fusse buono il consiglio d'Annibale, avendo a muovere l'armi contra i Romani, portare la guerra in Italia. »

(2) Machiavelli. *Discorsi*, lib. II, cap. 12.

gner ses mercenaires de leurs pays respectifs, pour les empêcher d'y rentrer et les retenir sous les drapeaux, par l'espérance du pillage de l'Italie. En allant attaquer Rome, Annibal entraînait sur sa route tous les ennemis du nom romain. Les Gaulois et les Italiens devaient grossir son armée. Sa belle cavalerie Numide pouvait se développer librement dans les plaines de l'Italie; nulle part ailleurs il n'eût trouvé des champs de bataille mieux préparés. Enfin, et il semble que ce soit là une raison décisive, il avait compris que la guerre de Rome et de Carthage était une guerre d'extermination, et qu'il fallait qu'une des deux cités succombât. Il lui importait peu d'affaiblir Rome par quelques défaites: il voulait la frapper au cœur et l'écraser, pour qu'elle n'écrasât point Carthage. C'est là ce qui l'amenait en Italie, au siége de la puissance romaine.

Mais à tous ces avantages Paruta oppose d'autres raisons qui eussent dû retenir Annibal. En passant en Italie avec les principales forces de Carthage, n'exposait-il pas sa patrie à être attaquée au dépourvu, comme on pouvait le craindre de l'audace des Romains, et comme cela eut lieu en effet? Ne se privait-il pas de tout secours, puisqu'il avait négligé de s'emparer de la Sicile et de la Sardaigne, et que Rome était maîtresse de la mer? Il eût mieux fait d'attaquer les Romains dans les îles et de ne marcher sur Rome qu'après avoir assuré ses communications avec Carthage. Pourquoi, avant de commencer la guerre, n'avait-il pas fait alliance avec le roi de Macédoine, qui lui eût été d'un si grand secours contre les Romains? Il eût dû songer qu'il avait affaire à des ennemis terribles; qu'il rencontrerait des généraux habiles, car il ne pouvait pas compter sur le hasard qui lui opposa Flaminius et Varron; qu'il lui faudrait assiéger des villes fortes et bien défendues ; et enfin qu'il en serait réduit à vivre de pillage et d'expédients, pendant que les Romains auraient tout en abondance.

Ainsi, dit Paruta, ne croyons pas à l'utilité prétendue du projet d'Annibal et réduisons son mérite à sa juste valeur. Il va même jusqu'à diminuer la gloire de ce grand capitaine, en remarquant qu'il n'a vaincu que des généraux obscurs et sans expérience, mais qu'il n'a pas été aussi heureux contre Fabius, Marcellus et Scipion (1). Enfin, ajoute-t-il, quoiqu'on ne doive pas juger d'une entreprise par les résultats qu'elle a eus, et que l'événement, comme on dit, soit la leçon des sots, il faut cependant reconnaître qu'Annibal a échoué et qu'il a été cause de la ruine de Carthage.

Il y a bien de l'injustice et de l'exagération dans ce jugement. Machiavel, quoique plus juste, pose en principe qu'on ne doit pas attaquer dans ses foyers un peuple toujours armé, comme l'étaient les Romains, comme le sont les Suisses, et il condamne par ce motif, l'entreprise d'Annibal (2). Si les Romains, dit-il, avaient essuyé, dans le même espace de temps, en Gaule, les trois défaites que leur fit subir Annibal, ils eussent été abattus sans retour. Avec les mêmes forces, ils n'eussent jamais pu, dans tout autre pays, organiser la résistance qui les sauva dans le leur. Jamais, pour envahir une province, ils n'envoyèrent plus de cinquante mille hommes ; mais, pour défendre leurs foyers contre les Gaulois, après la première guerre punique, ils armèrent jusqu'à dix-huit cent mille combattants. Les Cimbres

(1) « E se pur deve Annibale gloriarsi delle rotte date a' Romani, converrà riuscire minore la sua gloria, considerando che egli abbia vinto capitani di più obscuro nome, anzi pur di minore esperienza e virtù. »

(2) Machiavelli. *Discorsi*, lib. II, cap. 12.

mirent en déroute une armée romaine, en Allemagne, et tout y fut perdu pour Rome ; mais, lorsqu'ils arrivèrent en Italie, les Romains, qui pouvaient y réunir toutes leurs forces, les écrasèrent.

Malgré l'autorité de Machiavel, toutes ces raisons manquent de justesse, et la gloire d'Annibal n'en est pas atteinte. Il est facile d'opposer une conjecture à un fait et d'imaginer à loisir, quand les événements sont accomplis, un autre système qui eût pu en changer le cours. Mais c'est une fausse manière de juger la conduite d'un homme que de la combattre uniquement par des hypothèses. Au lieu d'examiner ce qu'il a fait, on dit ce qu'il eût dû faire ; on trouve des combinaisons infaillibles et on arrange, en spectateur, le plan d'une expédition, sans pouvoir tenir compte, comme celui qui y joue le principal rôle, des nécessités inexorables de la guerre et de la politique (1). Il y a des desseins si grands et si hardiment exécutés que nul ne peut y substituer sans témérité ses propres conceptions. Personne ne sait ce qui serait arrivé si Annibal, au lieu de porter la guerre en Italie, eût attendu les Romains en Espagne ou en Sicile. C'est un beau champ pour les théories ; mais qui résoudra la question ? Croira-t-on, avec Machiavel, que si les Romains avaient été vaincus en Gaule au lieu de l'être à Trasimène et à Cannes, c'en était fait de la République ? Annibal a-t-il échoué parce qu'il a attaqué Rome de trop près, comme si on pouvait détruire une puissance ennemie sans la frapper, là même où elle est la plus forte ? Les Romains, qui n'ont pas été abattus quand

(1) On sait que le ministre Louvois montrant un jour à Turenne, sur une carte géographique, le point précis où il fallait passer le Rhin, le maréchal répondit en souriant : « Je n'y verrais aucune difficulté, si votre doigt était un pont. »

ils ont vu Annibal à leurs portes, l'eussent-ils été davantage s'il n'avait pas mis le pied en Italie ? La supposition paraît peu probable ; mais qui prouvera le contraire ? Quand on raisonne sur des conjectures au lieu de raisonner sur des faits, il n'y a plus de certitude possible.

Laissons là ces recherches oiseuses et ces paradoxes politiques. Tenons-nous-en au témoignage d'Annibal lui-même que l'expérience, à ce qu'il paraît, n'avait pas corrigé ; car il conseillait sans cesse à Antiochus de porter la guerre en Italie (1), en lui disant que là les ennemis de Rome tourneraient contre elle ses alliés et ses ressources ; mais que, si on ne l'attaquait pas sur ce point et si on la laissait disposer en paix des forces de l'Italie, elle serait toujours invincible.

Il ne faut pas se demander si ce grand capitaine eût mieux réussi en changeant son dessein ; de telles questions ne seront jamais résolues et n'instruisent personne, parce que tout y est vague et incertain. Mais en acceptant sans réserve le projet qu'il a conçu, il faut voir comment il l'exécute, quel génie il déploie dans la guerre, par quelles armes il combat la puissance romaine et pour quelles causes il n'a pu la détruire. C'est sur ce point seulement que doit porter la discussion historique, et c'est ainsi que l'ont compris les historiens français. Ce sont les actes d'Annibal que ceux-ci considèrent : c'est sur sa conduite en Italie qu'ils discutent. Voilà ce que l'histoire peut apprécier et ce qu'il lui appartient de juger sans témérité.

L'esprit pratique de Paruta et le grand sens politique de Machiavel sont ici en défaut ; ils eussent dû s'abstenir de conjectures hasardées sur une des plus grandes entre-

(1) « Sententia ejus una atque eadem semper erat, ut in Italiâ bellum gereretur. » Tit. Liv., lib. XXXII, 40.

prises qui aient été conçues et exécutées par le génie de l'homme. Qu'Annibal ait fait une faute après la bataille de Cannes, c'est le sort des plus fermes esprits de se tromper quelquefois, et encore Montesquieu l'en justifie-t-il (1); mais que cette entreprise même qui a fait sa gloire soit une faute, c'est ce qu'on ne peut accorder même à Machiavel. Il y a chez les deux écrivains italiens un parti pris de ne pas rendre justice à Annibal : deux fois Machiavel écrit que son autorité le touche peu. Peut-être, par un sentiment de patriotisme rétrospectif, ne lui pardonnaient-ils pas d'avoir si souvent et si glorieusement battu les Italiens.

Les écrivains français ont été plus justes ; ils ont rendu à ce grand homme un légitime hommage et proclamé hautement l'admiration que leur inspirait son génie.

» Quand je songe, dit Saint-Évremond, qu'Annibal est » parti d'Espagne où il n'avait rien de fort assuré, qu'il » a traversé les Gaules qu'on devait compter pour enne- » mies, qu'il a passé les Alpes pour faire la guerre aux » Romains qui venaient de chasser les Carthaginois de » Sicile ; quand je songe qu'il n'avait en Italie ni places, » ni magasins, ni secours assuré, ni la moindre espé- » rance de retraite, je me trouve étonné de la hardiesse » de son dessein. Mais lorsque je considère sa valeur et » sa conduite, je n'admire plus qu'Annibal et je le tiens » encore au-dessus de l'entreprise (2). »

Bossuet ne l'admire pas moins : « Il est vrai, dit-il, » que le grand génie d'Annibal semblait avoir remédié » aux défauts de sa politique. On regarde comme un pro- » dige que, dans un pays étranger et durant seize ans

(1) Montesquieu. *Grandeur et Décadence*, ch. 55.
(2) Saint-Évremond, ch. 7.

» entiers, il n'ait jamais vu, je ne dis pas de sédition, » mais de murmures dans une armée toute composée de » peuples divers qui, sans s'entendre entre eux, s'accor- » daient si bien à entendre leur général (1). »

Enfin Montesquieu commence ainsi ses considérations sur le génie d'Annibal : « La seconde guerre punique est » si fameuse que tout le monde la sait. Quand on examine » bien cette foule d'obstacles qui se présentèrent devant » Annibal et que cet homme extraordinaire surmonta » tous, on a le plus beau spectacle que nous ait fourni » l'antiquité (2). »

Paruta rentre dans le vrai, quand il attribue la ruine de Carthage au défaut de ses institutions. A Rome, tous les citoyens étaient soldats, tandis que Carthage n'avait que des mercenaires. C'est là ce qui la perdit. Quelque riche que soit un État, il ne l'est jamais assez pour entretenir autant de soldats qu'un État d'égale force où chacun porte les armes, peut mettre de citoyens sur pied. Aussi Rome a-t-elle réparé ses pertes après trois batailles perdues, et trouvé de nouvelles armées, parce qu'elle tirait tout d'elle-même. Carthage, au contraire, qui n'avait qu'une armée, perdit tout en la perdant, et, avec une population de sept cent mille âmes, en fut réduite, après Zama, aux dernières extrémités, parce que ses citoyens n'étaient pas soldats.

Ces réflexions s'adressent indirectement à Venise, cité commerçante et mal organisée pour la guerre, comme Carthage. L'exemple de celle-ci doit lui apprendre à ne pas compter sur les mercenaires qui composent ses troupes de terre, et à ne jamais se croire aussi forte qu'une cité qui aurait une milice nationale.

(1) Bossuet. *Discours sur l'Histoire universelle*, IIIe partie, ch. 6.
(2) Montesquieu. *Grandeur et Décadence*, ch. 55.

La guerre de Pyrrhus fournit aussi à Paruta le sujet d'un discours, dont je ne parle pas, parce qu'il offre moins d'intérêt que ceux qui précèdent (1).

Le parallèle de César et de Caton, qu'il entreprend toujours au point de vue de l'instruction des hommes politiques, a, comme celui de Fabius et de Scipion, le défaut de n'aboutir à aucune conclusion (2). Les deux caractères sont si différents qu'il n'y a entre eux aucune comparaison possible. Aussi Paruta ne choisit-il pas entre les deux : il recommande à l'homme politique d'imiter l'un ou l'autre, suivant sa nature et le but qu'il se propose. Ceux qui ont de la grâce, des mœurs faciles, de la magnificence, peuvent prendre César pour modèle ; ceux qui sont graves et austères feront mieux de ressembler à Caton. Si on ne songe qu'à l'intérêt public, il est bon, comme Caton, de faire observer les lois et de combattre tous ceux qui aspirent à la puissance ; mais si on veut commander à ses compatriotes, les moyens qu'emploie César pour gagner le peuple sont les meilleurs.

Dans un État aristocratique comme Sparte, les mœurs de Caton donneront plus de crédit ; à Athènes, ville démocratique, celles de César plairont davantage. A Rome, où les deux éléments se mêlaient dans le gouvernement, ils ont pu l'un et l'autre avoir des partisans ; mais comme le populaire dominait, c'est César qui l'a emporté.

Il ne faudrait pas conclure de ce parallèle, où Paruta semble mettre sur la même ligne deux hommes qui n'ont

(1) Lib. I, discorso III. « Quale fusse migliore e più laudabile consiglio, ovvero quello de' Cartaginesi d' offerire loro aiuti a' Romani contra il re Pirro, ovvero quello de' Romani di rifiutarli. »

(2) Lib. I, discorso IX. « Qual via sia piu sicura per camminare in Repubblica agli onori e alla gloria, quella tenuta da Catone, o quella che seguì Cesare. »

pas été également vertueux, qu'il se relâche de la sévérité habituelle de ses principes. Ce qu'il approuve dans César, c'est ce qu'on peut imiter sans honte, la générosité, la grâce et ces qualités séduisantes qui plaisent au peuple. Il n'est pas de ces esprits intraitables qui ne comprennent que les vertus farouches, et qui imposent à l'homme politique l'austérité des vieux Romains; il lui permet, il lui conseille même d'être aimable et populaire, à condition qu'il ne sacrifie rien de sa vertu à la popularité.

Les Romains eussent-ils été vaincus par Alexandre, s'il avait songé à les attaquer?

Dans ses discours, Paruta se propose, sous forme de questions, un certain nombre d'hypothèses historiques qui exercent la sagacité de son esprit. Quoiqu'il y ait dans ces études une sorte de hors-d'œuvre, puisqu'il s'agit de faits qui ne sont point arrivés, elles donnent souvent lieu à des aperçus ingénieux et à des remarques nouvelles sur les grandes époques de l'histoire.

La plus intéressante de ces questions est celle qu'avait déjà soulevée Tite-Live, en se demandant ce qui serait arrivé si Alexandre avait attaqué les Romains (1). L'historien romain pense naturellement qu'Alexandre eût été vaincu. Paruta soutient avec beaucoup de force la thèse contraire; il suit pied à pied le raisonnement de Tite-Live, le combat par des arguments décisifs et en démontre jusqu'à l'évidence le peu de solidité. Il est curieux de mettre en regard les opinions des deux écrivains.

Tite-Live, de parti pris, s'exagère l'importance et la

(1) Liv., lib. IX, cap. 17.

force de la République au temps où vivait Alexandre. Il commence par comparer les généraux des deux côtés. Si Alexandre, dit-il, avait un génie militaire incontestable, il a eu le bonheur de mourir jeune ; sa fortune n'a pas eu le temps de changer ; s'il avait vécu plus longtemps, peut-être eût-il enfin rencontré un vainqueur. Mais, en le prenant même dans le cours de ses prospérités, Rome n'eût-elle pas eu à lui opposer dix généraux d'un talent égal au sien, un Valérius Corvinus, un Rutilius, un C. Sulpicius, un T. Manlius Torquatus, un Publius Philon, un Papirius Cursor et tant d'autres qui, non-seulement, ne le cédaient à Alexandre ni en audace ni en génie, mais qui avaient reçu de Camille et des généraux plus anciens, depuis les premiers temps de la République, d'admirables traditions militaires ?

Un des mérites d'Alexandre, c'était le courage personnel et la force du corps. Mais eût-il tenu tête, dans un combat singulier, à chacun de ces chefs qui avaient tué tant d'ennemis de leur main dans les rencontres les plus périlleuses ?

Sans nommer même tous les généraux romains, le sénat, qu'un ennemi de Rome a appelé une assemblée de rois, eût-il été surpassé en sagesse et en génie par un seul homme ?

On dira peut-être qu'Alexandre connaissait mieux l'art de la guerre. Mais contre qui avait-il combattu ? En attaquant les Romains, il n'eût point eu affaire à ce Darius qui, traînant derrière lui une armée de femmes et d'eunuques, au milieu de la pourpre et de l'or, chargé de tout l'appareil de sa fortune, était venu au combat plutôt comme une riche victime que comme un ennemi, et s'était laissé vaincre sans que le sang eût été répandu, sans que son vainqueur eût eu d'autre mérite que d'avoir osé mépriser un vain attirail (1). L'aspect de l'Italie, des bois de l'Apulie, des montagnes de la Lucanie, lui eût paru bien différent de cette Inde qu'il avait traversée en se livrant à la débauche, avec une armée ivre et en désordre (2).

A ces arguments en faveur de Rome, Paruta en oppose d'autres beaucoup plus forts en faveur d'Alexandre. Qu'était-ce, dit-il, que la République romaine, au temps dont il s'agit? Quelles conquêtes avait-elle faites? Sans cesse en lutte avec ses voisins qui lui avaient longtemps résisté, elle n'avait encore soumis qu'une partie de l'Italie. Ces généraux, que Tite-Live compare à Alexandre qui a rempli le monde de sa renommée, c'est à peine si quelques-uns d'entre eux ont échappé à l'oubli; et après tout, qu'avaient-ils fait? Ils ne s'étaient battus qu'aux portes de Rome. Peut-on comparer les victoires remportées sur les Èques, les Samnites et les Toscans à celles d'Alexandre? Leur gloire n'a eu pour théâtre qu'un coin de l'Italie. Qu'est-ce que ces expéditions contre des peuples voisins et dans un pays si peu étendu, à côté de la marche conquérante des Macédoniens à travers l'Asie? Si ces États, qui entouraient Rome, lui ont opposé une si longue et vigoureuse résistance, si elle a été souvent obligée de créer un dictateur et de réunir toutes ses forces pour les soumettre, qu'eût-elle fait contre le vainqueur de tant de nations (3)?

(1) «Non cum Dario rem esse dixisset, quem, mulierum ac spadonum agmen trahentem, inter purpuram atque aurum, oneratum fortunæ apparatibus suæ, prædam veriùs quàm hostem, nihil aliud quam bene ausus vana contemnere incruentus devicit.» Tit. Liv., lib. v, 17.

(2) «Cum temulento agmine et comissabundus.» *Ibid.*

(3) «Jamais armée n'a eu affaire à tant d'ennemis et n'a vu tant de climats différents que celle d'Alexandre. Que si la diversité des pays où l'on fait la guerre et celle des nations qu'on assujettit peuvent former notre expérience, comment les Romains entreraient-ils en comparaison avec les Macédoniens,

Tite-Live essaye de rabaisser la gloire d'Alexandre; il dit que les soldats de Darius étaient lâches et timides, mais il oublie qu'ils étaient trois cent mille, et que c'était le même peuple qui avait subjugué toute l'Asie. Les Romains, eux aussi, ont eu affaire aux Asiatiques : combien de temps ont-ils mis à les soumettre? Ces pays qu'Alexandre a soumis en dix ans, il a fallu à Rome, au comble de sa prospérité, plus d'un siècle pour les conquérir. « Je ne vois pas, dit Saint-Évremond, qui, comme » Paruta, combat l'opinion de Tite Live, que les peu» ples de l'Asie dussent être si mols et si lâches, eux qui » ont toujours été formidables à l'Europe. Dans la plus » grande puissance de la République, les Romains n'ont» ils pas été malheureux chez les Parthes qui n'avaient » qu'une partie de l'empire de Darius (1)? »

Les généraux romains dont parle Tite-Live ont eu sans doute quelques qualités militaires; mais quelle est celle qui manquait à Alexandre? qui avait livré plus de batailles que lui? qui avait montré plus d'ardeur à commencer une entreprise, plus de persévérance à l'exécuter et plus de confiance en sa fortune pour la mener à bonne fin? Quel capitaine inspira jamais plus d'admiration et plus d'amour à ses soldats? qui fut plus avide de gloire et de conquête (2)? Ces qualités, dont quelques-

eux qui n'étaient jamais sortis d'Italie, et qui n'avaient eu d'autres ennemis que de petits peuples voisins de leur République. » Saint-Évremond, ch. 4. *Contre l'opinion de Tite-Live sur la guerre imaginaire qu'il fait faire à Alexandre contre les Romains.*

(1) *Ibid. Jugements sur César et sur Alexandre.*

(2) Sono di diverse virtù lodati quei capitani Romani, ma quale in Alessandro si puote desiderare per farlo eccellentissimo capitano? Chi era intravenuto in più battaglie di lui? Chi avea dimostrato maggior ardire nel prendere l' imprese, maggiore costanza nel proseguirle, maggiore speranza nel condurle a fine? Quale fu altro capitano più stimato o più amato dà soldati? Quale più bramoso di gloria e d' imperio? » *Paruta*, lib. I, disc. II.

unes ont suffi à la réputation de plusieurs généraux, il les réunissait toutes en lui seul et au plus haut degré.

Peut-on dire que l'aspect de l'Italie eût effrayé Alexandre, lui qui avait pénétré si intrépidement dans les déserts de l'Arabie et dans tant de pays inconnus où il courait risque de laisser son armée? Lui eût-il été difficile de passer dans la Péninsule, à lui qui possédait la Grèce, et n'y eût-il pas trouvé des alliés contre Rome, comme Pyrrhus et Annibal?

Tite-Live dit que les délibérations d'un corps composé de citoyens éminents, comme le sénat, devaient être bien supérieures aux conseils d'un seul homme comme Alexandre. Mais n'est-ce pas le contraire? En temps de guerre, l'autorité d'un seul homme ne vaut-elle pas mieux que celle d'une assemblée? Dans les périls pressants, les Romains ne créaient-ils pas eux-mêmes un dictateur?

Pour relever la gloire des généraux romains, Tite-Live rappelle précisément ce qui devait les rendre inférieurs à Alexandre. Ils ont vaincu leurs ennemis, dit-il, malgré les obstacles de tout genre qui entravaient l'exercice de leur autorité (1). Combien de fois les tribuns du peuple ne se sont-ils pas opposés à l'enrôlement des citoyens? Souvent les consuls partaient trop tard pour la guerre à cause de cette opposition; souvent ils étaient forcés de revenir avant le temps à cause des comices. Au plus fort de leurs expéditions, il leur fallait céder le commandement parce que l'année était révolue. La témérité d'un collègue pouvait leur faire perdre la victoire. Que de fois ils avaient à réparer les fautes de leurs prédécesseurs et à conduire au combat des soldats sans

(1) Liv., lib. IX, cap. 18.

expérience et sans discipline! Alexandre, au contraire, avait sur ses troupes un pouvoir absolu que ni le temps, ni les circonstances, ni l'intervention d'aucun pouvoir étranger ne limitaient. Cette indépendance, comparée à l'autorité si bornée des généraux romains, ne lui donnait-elle pas sur eux un immense avantage?

Si, d'autre part, on en vient, avec Tite-Live, à examiner les forces des deux puissances rivales, on ne lui accordera pas non plus que celles des Romains aient dû être plus considérables. Il énumère avec complaisance tous les peuples que Rome avait soumis et qui composaient ses armées, les Sabins, les Volsques, les Campaniens, une partie des Ombriens et des Étrusques, les Picentins, les Marses, les Apuliens et tant d'autres. Mais qu'étaient ces peuplades à côté des grands empires que les Macédoniens avaient conquis, et qui leur eussent fourni d'innombrables soldats? Tite-Live triomphe de ce qu'Alexandre n'avait avec lui que trente mille hommes d'infanterie macédonienne et quatre mille cavaliers thessaliens. Mais si, confiant dans le courage et la tactique de ses vétérans, il ne voulut point d'autre armée, pour conquérir l'Asie, étaient-ce là toutes ses forces? Ne forma-t-il pas, avec l'élite des Asiatiques qu'il avait vaincus, un corps de trente mille hommes auxquels il avait donné la même éducation militaire qu'aux Macédoniens, et n'eût-il pas pu en discipliner un plus grand nombre s'il avait voulu attaquer Rome?

Pour montrer mieux encore combien était puissant l'empire d'Alexandre, Paruta eût pu raconter les guerres de ses successeurs, énumérer les armées qu'ils mirent sur pied, dans les différentes provinces, et donner le chiffre des combattants dans cette grande bataille où fut vaincu Antigone.

Le seul argument que Tite-Live fasse valoir avec quelque raison en faveur des Romains, c'est la supériorité de leurs armes et la belle ordonnance de leurs troupes. Leur bouclier était plus grand et protégeait mieux le corps que celui des Grecs ; leur javelot frappait des coups plus terribles que la lance macédonienne (1). La légion avait aussi, comme nous l'avons vu, sur la phalange, l'avantage de la mobilité et de la rapidité des mouvements.

Mais, comme eût pu le dire Paruta qui néglige cette objection, l'ordonnance des armées romaines, au temps où vivait Alexandre, était loin d'être arrivée à ce point de perfection où elle fut portée depuis. La phalange de Pyrrhus, bien inférieure à celle d'Alexandre, enfonça du premier choc les lignes de la légion. Quant à la cavalerie, il n'y a aucune comparaison à faire entre celle d'Alexandre et celle des Romains, qui fut battue par les Thessaliens de Pyrrhus, et qui ne tint jamais contre les Numides.

Les Grecs, d'ailleurs, entendaient l'art de la guerre beaucoup mieux que les Romains. C'est à l'école de Pyrrhus et d'Annibal que ceux-ci se formèrent, qu'ils apprirent à fortifier un camp, à construire des machines, à faire les travaux d'un siége. « Ils s'instruisirent, dit Saint-» Évremond, par l'expérience de leurs défaites, par des » réflexions sur leurs fautes et par l'observation de la » conduite de l'ennemi. »

« Avant que la République fût devenue toute-puis-» sante, remarque le même écrivain, ils n'ont pas laissé » d'être battus autant de fois qu'ils ont fait la guerre

(1) Arma, clypeus, sarissæque illis ; Romano scutum majus corpori tegumentum, et pilum haud paulò, quam hasta, vehementius ictu missuque telum. Lib. IX, cap. 18.

» contre des capitaines expérimentés. Dans la première » guerre punique, Xantippe vainquit Régulus en lui op- » posant la tactique et l'ordonnance des Grecs. Fabri- » cius ne disait-il pas de Pyrrhus que les Épirotes n'a- » vaient pas vaincu les Romains, mais que le consul avait » été vaincu par le roi des Épirotes? Si l'on veut aller » jusqu'à la seconde guerre punique, on trouvera que les » avantages qu'eut Annibal sur les Romains venaient de » la capacité de l'un et du peu de suffisance des autres; » et en effet, lorsqu'il voulait donner de la confiance à » ses soldats, il ne leur disait jamais que les ennemis » manquaient de courage ou de fermeté, car ils prouvaient » le contraire assez souvent, mais il les assurait qu'ils » avaient affaire à des gens peu entendus dans l'art de la » guerre (1). »

Tite-Live ajoute que les Romains auraient eu sur Alexandre l'avantage d'être chez eux, et que l'armée macédonienne, arrivée en Italie, s'y serait consumée comme celle d'Annibal; mais il ne tient pas compte de la différence des temps. Rome, à l'époque d'Alexandre, n'était pas ce qu'elle fut pendant la seconde guerre punique. Que de progrès elle fit dans l'intervalle! La guerre de Pyrrhus et la première guerre punique avaient augmenté sa confiance en ses forces; sa puissance et sa renommée s'étaient accrues; en combattant ses deux grands ennemis, elle avait acquis de nouvelles notions dans l'art de la guerre. Elle ne se bornait plus à soumettre les petits peuples voisins, elle avait porté ses armes hors de l'Italie et humilié Carthage; déjà elle se préparait à la conquête du monde.

Et cependant, à cette époque même, quoiqu'elle fût

(1) Saint-Évremond, ch. 55. *Contre l'opinion de Tite-Live sur la guerre imaginaire qu'il fait faire à Alexandre contre les Romains.*

deux fois plus forte qu'au temps d'Alexandre, Annibal put traverser l'Italie dans toute sa longueur et, après avoir détruit trois armées romaines, s'y maintenir pendant seize ans. Ce qu'a fait Annibal, Alexandre ne l'eût-il pas fait, et avec un plus grand danger pour Rome, cent ans plus tôt? Avait-il moins de génie ou moins de forces que le général carthaginois? Si l'on compare l'un à l'autre, quelle différence dans les moyens dont il dispose! Annibal, séparé de l'Italie par l'Espagne, par la Gaule et par les Alpes, n'y pénètre qu'après une marche prodigieuse, où il perd une partie de son armée, et, une fois qu'il a touché ce sol ennemi, éloigné de Carthage, qui ne lui envoie pas de secours, il lutte seul contre Rome, aux portes mêmes de Rome. Il commande à des mercenaires qu'aucun sentiment national n'intéresse à la cause de Carthage, et qu'il ne retient sous les drapeaux que par la discipline et l'espoir du pillage; il n'a point, comme les Romains, des armées de réserve pour réparer ses pertes; il n'en a qu'une de qui dépend le destin de la guerre; il ne peut compter que sur lui-même et sur sa fortune. Ses concitoyens l'abandonnent; il a des ennemis dans le Sénat de Carthage, et pendant qu'il combat pour le salut de sa patrie, on y parle de paix. Malgré tant d'obstacles, il n'est point chassé d'Italie; il y reste en dépit des Romains et n'en sort que pour aller défendre l'Afrique attaquée par Scipion. Mais si Carthage eût soutenu son général, si la faction des Hannon eût eu plus de patriotisme que de haine contre les Barca, si seulement Asdrubal eût été plus habile ou plus heureux, Rome eût pu succomber dans la lutte.

C'est ce que n'eût point dû oublier Tite-Live quand il cite contre Alexandre l'exemple d'Annibal. Aucun des obstacles qui ont fait échouer celui-ci n'eût arrêté le roi de Macédoine. Voisin de l'Italie, il y eût abordé sans difficulté; sa flotte, composée des marins de la Grèce, de l'Asie Mineure, de la Phénicie et de l'Égypte, eût tenu la mer libre et assuré ses communications avec son empire, d'où il eût tiré sans cesse des soldats et des vivres. Ses vétérans, si braves, si dévoués à leur chef, eussent combattu, non comme des mercenaires, pour le pillage, mais pour la patrie et pour la gloire. Enfin, tandis qu'Annibal n'avait d'autorité que sur son armée, il commandait en maître absolu au plus vaste empire du monde. Il n'avait point de secours à demander à un Sénat hostile; il n'eût point attendu pendant seize ans des armées qui n'arrivaient pas; en un mot, il n'y a pas de comparaison possible entre l'expédition que fit Annibal et celle qu'eût faite Alexandre. Celui-ci eût été plus fort et eût trouvé les Romains plus faibles que ne les trouva Annibal.

Paruta réfute par les meilleures raisons l'opinion de Tite-Live; mais il se borne là. Comme il est Italien, naturellement un peu déclamateur, et qu'il ne se pique pas de critique littéraire, il ne remarque pas ce qu'il y a d'hypothétique et de déclamatoire dans les paroles de l'écrivain latin.

Celui-ci, en effet, ne s'exprime pas sur un sujet aussi délicat avec la mesure et l'impartialité qui conviennent à l'historien; il soutient, de parti pris, une thèse en l'honneur de Rome; il rabaisse Alexandre pour élever les Romains; il accorde tout à ceux-ci et rien au roi de Macédoine; en un mot, il exagère et il déclame au lieu de raisonner. Peut-il supposer réellement qu'Alexandre eût été effrayé, comme il le dit, par l'aspect sauvage de la Lucanie et de l'Apulie, lui qui avait conquis l'Égypte, pénétré dans l'Arabie, traversé les montagnes de l'Asie

Mineure et poussé jusqu'aux bords de la mer Caspienne? Est-là un argument sérieux? L'est-il davantage de dire que, dans la guerre, les Macédoniens n'eussent eu qu'un Alexandre (1), tandis que les Romains en auraient eu plusieurs, comme si Parménion, Antigone, Lysimaque, Séleucus, Ptolémée, tant de généraux illustres qui servaient sous Alexandre et qui se firent entre eux de si terribles guerres, n'eussent pas tenu tête aux Valérius, aux Papirius, aux Manlius? Est-ce de bonne foi qu'il appelle les guerres de ce grand capitaine des guerres de femmes? Oublie-t-il la bataille de Chéronée, les guerres contre les Thraces, le siége de Tyr, le passage du Granique, si vivement disputé par Memnon de Rhodes, et les victoires remportées sur Porus? De quel droit affirme-t-il que les Macédoniens, vaincus dans une seule bataille, l'eussent été pour toujours (2)? Alexandre n'avait-il qu'une armée? Ce conquérant de l'Asie eût-il été réduit à fuir par la perte d'une bataille, quand chacun de ses successeurs a pu lever dans ses États plus de soldats que n'en avaient alors les Romains? Enfin n'est-ce point par un artifice oratoire que Tite-Live compare l'expédition qu'eussent faite les Macédoniens à la première guerre punique, et, celle-ci ayant duré vingt-quatre ans, remarque avec orgueil que la vie d'Alexandre n'y eût pas suffi (3), comme si la puissance de Carthage, qui n'avait pas même une armée nationale, pouvait être mise en parallèle avec celle d'un roi victorieux, maître de la Grèce et de l'Asie?

(1) « Macedones unum Alexandrum habuissent; Romanis multi fuissent Alexandro vel gloriâ, vel armis pares. » Lib. IX, cap. 18.

(2) « Uno prælio victus Alexander bello victus esset. » *Ibid.*

(3) « Equidem, quùm per annos quatuor et viginti primum Punico bello certatum cum Pœnis recordor, vix ætatem Alexandri suffecturam fuisse reor ad unum bellum. » *Ibid.*

Ces paradoxes politiques ne soutiennent même pas la discussion. Il faut dire, pour excuser Tite-Live, qu'il a voulu combattre une opinion répandue chez les Grecs, et qu'irrité de leurs prétentions en faveur d'Alexandre qu'ils plaçaient sans cesse au-dessus des Romains, il s'est plu, par orgueil national, à rabaisser leur héros, en glorifiant sa patrie. Un Romain, et surtout un historien de Rome, ne pouvait pas laisser contester la supériorité de la République. Les Grecs d'ailleurs n'y mettaient pas de ménagements; ils se vengeaient de la perte de leur liberté, en dénigrant leurs vainqueurs. Ce n'était pas Alexandre seulement qu'ils admiraient aux dépens de Rome. Tous ceux qui résistaient aux maîtres du monde devenaient leurs favoris; ils affectaient de parler des Parthes avec éloge, parce que ceux-ci avaient vaincu les Romains.

Cette guerre de mots et d'allusions, toute littéraire, blessait au vif les esprits lettrés de Rome. Tite-Live se fit l'interprète de ces colères; il céda au besoin de répondre, une fois pour toutes, aux arguments des Grecs et de les réduire au silence; mais peut-être par emportement, peut-être aussi parce qu'il n'était pas tout à fait convaincu de la bonté de sa cause, il sortit des bornes et dépassa le but. Ce qui n'eût dû être qu'une réfutation devint une représaille violente et injuste. En définitive, tout ce morceau, qui pourrait être détaché de l'histoire de Tite-Live, contraste avec le ton général de l'ouvrage.

Considérations sur les États modernes.

Les discours politiques du second livre, relatifs à quelques événements de l'histoire moderne, offrent moins d'intérêt que ceux du premier. J'en détacherai cependant quelques considérations générales sur la politique.

Paruta, qui a déjà réfuté quelques opinions de Machiavel, dans ses discours sur l'antiquité, le combat encore quand il arrive à l'histoire moderne, et surtout quand il examine, après lui, les actes de Venise. Il ne le nomme néanmoins qu'une fois (1); il semble qu'il se soit fait une loi de ne pas prononcer un nom condamné par l'Église; mais il le désigne clairement et dans des termes très-méprisants. Outre la réprobation qu'inspirent ses doctrines, Machiavel a le grand tort, aux yeux de Paruta, d'avoir jugé quelquefois très-sévèrement la politique vénitienne. Aussi l'écrivain vénitien rappelle-t-il avec satisfaction que le *Prince* et les *Discours politiques* ont été mis à l'index, et prononce-t-il, à ce sujet, ces singulières paroles : « Maintenant que ses discours sont » ensevelis dans un oubli éternel. (2) » Il ne faut pas prendre à la lettre une réflexion qui ferait peu d'honneur au bon sens de Paruta, si elle était sérieuse. Personne assurément ne se figurait en Italie qu'il suffisait de condamner les ouvrages de Machiavel pour les faire oublier. On en savait trop bien la valeur, et au fond, on en était trop fier pour attendre un grand effet de cette condamnation. Si Paruta s'exprime ainsi, ce n'est point qu'il se fasse illusion sur la puissance de la cour de Rome; mais il veut se prononcer, à son tour, contre des livres qu'il croit dangereux, et montrer que les honnêtes gens applaudissent à l'arrêt qui les condamne. Seulement il serait peut-être moins sévère, si Machiavel eût été plus indulgent pour la République vénitienne.

(1) Lib. II, discors. III.

(2) « Oltre il restare quei suoi discorsi in perpetua oblivione. » Lib. II, disc. I. — La même expression est répétée dans un autre discours.

Le premier grief de Paruta contre le secrétaire de Florence, c'est que celui-ci préfère le gouvernement de Rome à celui de Venise, et semble le proposer pour modèle aux États italiens. Un noble vénitien ne pardonne pas même à un étranger de ne pas admirer sans réserve la constitution de son pays. J'ai déjà traité cette question, en m'occupant du premier livre des *Discours politiques*.

Le second grief est beaucoup plus grave. Il s'agit d'un blâme sévère jeté par Machiavel sur la République de Venise. Le secrétaire florentin parle quelque part de son insolence dans la prospérité, et de sa lâcheté dans les revers (1). Il apprécie dans des termes très-énergiques et sans ménager l'amour-propre des patriciens, leur conduite dans la guerre malheureuse qu'ils soutinrent contre les Français. Leur bonne fortune, qu'ils attribuaient, dit-il, à une habileté et à un courage qu'ils n'avaient pas, les enorgueillit tellement qu'ils appelèrent le roi de France le protégé de Saint-Marc. Ils protégeaient le saint-siége, trouvaient l'Italie trop petite pour eux, et osaient aspirer à se créer un empire semblable à celui des Romains. Mais, dans la suite, la fortune les eut à peine abandonnés, qu'on les vit, après la demi-victoire remportée sur eux à Vaïla par les Français, non-seulement perdre leurs États par la rébellion, mais encore en céder avec bassesse et lâcheté une grande partie au pape et au roi d'Espagne. Ils poussèrent l'avilissement jusqu'à envoyer des députés à l'empereur pour se reconnaître ses tributaires; ils écrivirent au souverain pontife des lettres remplies des soumissions les plus humiliantes, afin d'exciter sa compassion. Quatre jours et une demi-défaite suffirent pour les faire tomber à ce degré

(1) Machiavelli. *Discorsi*, lib. III, cap. 31.

d'abaissement. S'il y avait eu quelque germe de vertu dans l'âme des Vénitiens et dans leurs institutions, ils auraient pu facilement réparer cet échec et lutter de nouveau contre la fortune. Il était temps encore d'essayer de vaincre, de succomber avec moins de honte ou d'obtenir une paix plus honorable. Mais une méprisable lâcheté, causée par le vice de leurs institutions militaires, leur fit perdre en un instant leurs États et toutes leurs forces.

Ces amers reproches avaient porté coup et blessé d'autant plus l'orgueil vénitien qu'ils étaient mérités. Paruta essaye inutilement de justifier sa patrie; il est accablé par les faits. Il a lui-même condamné, en comparant Carthage à Rome, l'emploi des troupes mercenaires dans les armées; il ne peut l'approuver à Venise. La République, quoi qu'il en dise, a été vaincue par la faute de ses institutions militaires. Si, au lieu de prendre à sa solde des aventuriers, elle eût eu une armée nationale, la mésintelligence n'eût point éclaté entre les généraux qui la servaient; elle eût pu ne pas perdre la bataille d'Agnadel et, si elle eût été vaincue, une seule bataille perdue ne l'eût pas réduite aux dernières extrémités.

D'un autre côté, Paruta qui blâme si vivement l'esprit de conquête et qui le trouve si contraire aux institutions d'une République sage, ne pouvait excuser l'ambition de sa patrie. Il était incontestable que si Venise n'avait point agrandi son territoire de terre-ferme, si elle s'était contentée des possessions que ses flottes lui avaient conquises et pouvaient lui conserver en Orient, et que si elle n'avait point, par ses conquêtes et par ses projets ambitieux, effrayé ses voisins, la ligue de Cambrai ne se fût pas formée et sa puissance n'eût pas été ébranlée pour un temps.

Ainsi Machiavel avait raison sur tous les points. La République de Venise, n'ayant point d'armée et ne pouvant, par conséquent, faire de conquêtes durables, avait eu tort de vouloir s'agrandir. Il fallait, ou qu'elle changeât ses institutions ou qu'elle ne fût pas ambitieuse. Paruta le sentait si bien qu'il prêche sans cesse indirectement la politique de la paix, et qu'il montre à ses compatriotes que leur véritable intérêt est de ne jamais faire de conquêtes. Il est donc, au fond, de l'avis de Machiavel; seulement, ces fautes de sa patrie, qu'il s'avoue à lui-même et dont il indique le remède avec toutes sortes de ménagements pour l'amour-propre national, il ne permet pas à un étranger de les signaler sans pitié, et, dès qu'on attaque Venise, il repousse, en bon citoyen, l'accusation portée contre elle.

Mais, comme il n'y a de vrai, dans la cause qu'il défend, que son patriotisme, il est obligé, pour répondre à Machiavel, de se jeter hors du sujet (1). Les événements qui ont précédé la guerre lui offrent plus d'une raison à faire valoir en faveur de sa patrie. Il reproche, avec vérité, aux Français d'avoir oublié les services que leur avait rendus la République, et de s'être tournés contre elle, après avoir profité de son alliance pour conquérir le duché de Milan. Il montre que Jules II, qui voulait chasser les barbares d'Italie, a commis la faute la plus grave en s'alliant avec eux contre une République italienne. Il rappelle avec quelle dignité et quel respect pour la foi Venise, au milieu de ses plus grands périls, a refusé le secours des Turcs, tandis que tant de princes chrétiens, Frédéric d'Aragon, Louis Sforza et l'empereur

(1) Lib. II, discorso III. « Che dagli infelici successi della guerra dopo la rotta dell' esercito Veneziano nel fatto d' arme di Giaradadda, non si possa argomentare alcuna imperfezione nella Repubblica. »

Maximilien lui-même ont imploré leur alliance contre les Vénitiens.

Enfin, pour justifier la politique de son gouvernement, il énumère toutes les mesures de défense qu'avait prises le sénat, et, pour expliquer la défaite, en ménageant l'orgueil vénitien, il grandit, par des comparaisons tirées de l'antiquité, les forces des deux États, les proportions de la lutte et le mérite des généraux. Sous sa plume complaisante, Louis XII devient un Annibal, plus terrible encore que le général carthaginois, parce qu'après avoir vaincu, il sait user de la victoire, et, si la République succombe, c'est que son Fabius, le comte de Pitigliano, fait une faute, et le jour de la bataille, ne secourt pas Minutius, c'est-à-dire Alviano.

Mais, après le récit de la lutte et l'éloge exagéré du courage des troupes vénitiennes, il arrive au point délicat, à la paix qu'il a fallu conclure et que Venise a implorée humblement. Sans essayer de justifier le sénat, il conteste alors simplement les paroles d'un discours que Guicciardini met dans la bouche de l'ambassadeur de la République auprès de Maximilien, paroles suppliantes et peu dignes d'un grand État. Mais on sait malheureusement, et Bembo, historien vénitien, le rapporte lui-même, que l'ambassadeur avait reçu l'ordre de conclure la paix, à quelque prix que ce fût, même aux plus dures conditions (1).

En définitive, Paruta console ses compatriotes de l'échec qu'ils ont subi, par cette vieille maxime qu'il n'y a pas de honte à céder à la fortune, et qu'une nation ne peut se croire à l'abri de l'adversité. Pour montrer même que les Vénitiens ont supporté leur malheur avec beau-

(1) « Pace con quantunque dure condizioni conchiudere. » — Bembo. *Dell' Istoria Veneta*, lib. VIII, p. 413. Venezia, 1780.

coup plus de constance que d'autres peuples, il rappelle ce qui est arrivé, dans des circonstances semblables, à des États puissants. Alphonse d'Aragon ne s'est-il pas retiré honteusement devant l'armée de Charles VIII, sans même défendre son trône? Et Frédéric d'Aragon a-t-il su résister aux attaques de Louis XII et de Ferdinand d'Espagne? Ne s'est-il pas enfui à Ischia et de là en France, en renonçant à la couronne? Les Français eux-mêmes, qui ont une si grande réputation de courage, n'ont-ils pas perdu le royaume de Naples aussi rapidement qu'ils l'avaient conquis, sans même tenir tête aux Espagnols? Et, plus tard, sous Louis XII, après avoir été vaincus par les Suisses à Novare, n'ont-ils pas repassé les Alpes et abandonné le duché de Milan, leur conquête, sans attendre les secours qui leur arrivaient de France? Qui fut plus habile que Louis Sforza? et cependant, au seul bruit de la ligue faite contre lui par les Français et les Vénitiens, il se sauva en Allemagne.

L'antiquité même fournit des exemples à Paruta. Les Romains ne furent-ils pas abattus par la sanglante défaite d'Allia, et n'abandonnèrent-ils pas leur ville aux Gaulois? Tite-Live parle de la consternation qui régna à Rome après la bataille de Cannes, et il peint le découragement des soldats romains, en racontant que les uns sortirent de leurs quartiers pour se rendre à l'ennemi, et que les autres arrivèrent à la mer, cherchant des bâtiments pour s'enfuir sur la terre étrangère. Enfin, les Carthaginois, vaincus dans une seule bataille, ne cèdent-ils pas la Sicile et la Sardaigne, et ne consentent-ils pas à devenir tributaires des Romains?

C'est, on le voit, une singulière manière de défendre les Vénitiens que de citer, à propos de leurs désastres, des exemples de malheurs mal supportés et de défaites honteuses. Les arguments de Paruta sont la meilleure preuve qu'ils ne pouvaient pas être justifiés, et qu'on ne devait prétendre qu'à les consoler.

L'écrivain vénitien est plus heureux, quand il défend contre Machiavel un des principes de l'art de la guerre (1). Celui-ci, dans le *Prince* et dans les *Discours politiques*, avait soutenu que les forteresses étaient plus nuisibles qu'utiles, et il appuyait son opinion sur quelques raisons générales, mais surtout sur des exemples (2). Il avait dit, entre autres choses, que rien n'est moins nécessaire que les citadelles aux royaumes et aux républiques qui entretiennent de bonnes armées, comme aussi rien n'est plus inutile à ceux qui n'en ont pas. Suivant lui, une bonne armée sans places fortes suffira pour vous défendre; des places fortes sans une bonne armée ne vous défendront pas.

Il invoque, à l'appui de son opinion, l'autorité des Romains et celle des Spartiates qui ne fortifiaient point leurs villes. Mais de tels exemples ont peu de valeur quand il s'agit d'une question d'art moderne. On pourrait d'ailleurs opposer à la tactique des Romains celle des Grecs qui multipliaient les forteresses. Éleuthères et Phylé, dont les tours sont encore debout, défendaient Athènes; et les Spartiates eux-mêmes, quand ils eurent vu la fumée d'un camp ennemi, changèrent d'opinion; car on retrouve, sur les bords de l'Eurotas, les fondations helléniques des murs de Sparte.

Paruta néglige cette réfutation de détails. Il prend la question de plus haut et d'une manière générale. En résumé, à son avis, malgré des inconvénients qu'il ne dissimule pas, les forteresses sont utiles et même nécessaires

(1) *Paruta*, lib. II, disc. VIII. « Se le fortezze, introdotte in uso molto frequente da' principi moderni, apportino commodo, e vera sicurtà agli stati. »

(2) Machiavelli. *Discorsi*, lib. II, cap. 24. — *Il Principe*, cap. 20.

aux États de second ordre. Un pays qui n'a point de places fortes est à la discrétion de l'ennemi qui peut l'envahir et le ravager impunément. Si l'on n'a point de forteresses où l'on puisse se réfugier, après une défaite, on a tout perdu quand on perd une bataille. Le sultan du Caire, vaincu par le sultan Sélim, n'avait pas une place forte où il pût réunir les débris de son armée, et le puissant empire des Mameluks s'écroula en un jour. Au contraire, avec une seule forteresse, les chevaliers de Rhodes, bien moins nombreux et moins redoutables que les Mameluks, ont résisté à toutes les forces de Soliman.

A un point de vue plus élevé, Paruta trouve que les places fortes ont rendu un grand service aux nations modernes, parce qu'elles ont empêché les États conquérants de s'agrandir aux dépens des autres. Il faut tant de soldats, tant d'argent et tant de temps, pour enlever une seule place bien défendue, et quand on en a pris quelques-unes, il faut tellement diviser ses forces pour les garder, qu'il a d'abord été difficile aux princes les plus entreprenants de faire de grandes conquêtes et presque impossible de les garder. Aussi les forteresses répondent-elles parfaitement aux besoins des États bien ordonnés, qui sont la paix et la sécurité.

L'opinion de Paruta tient, comme presque toujours, à une raison historique. Venise, après la bataille d'Agnadel, avait perdu très-rapidement tous ses États de Terre-Ferme, parce qu'elle avait peu de places fortes, et que, la plupart des villes ne pouvant se défendre, l'ennemi y était entré sans obstacles. Dans les dernières guerres qu'elle avait eues à soutenir, le Frioul, pays ouvert, avait été continuellement ravagé; aucune forteresse ne le protégeait, et quand l'armée vénitienne s'était éloignée il restait exposé sans défense à toutes les attaques des

Impériaux. Ces désastres avaient instruit le sénat ; pour en prévenir le retour, il fit construire des forteresses dans ses États de Terre-Ferme aux points les plus menacés.

C'était donc la politique de son gouvernement que Paruta défendait en faisant ressortir tous les avantages des places fortes. Ce plaidoyer n'était pas sans utilité. Les opinions de Machiavel sur l'art de la guerre, comme sur toutes les questions de science politique, faisaient autorité, même après la condamnation de la cour de Rome, même pour ceux qui blâmaient le plus ses principes. D'après les règles qu'il avait tracées et qui étaient généralement suivies, le sénat faisait une faute en élevant des forteresses. Il importait, pour l'honneur du gouvernement vénitien et pour la sécurité des citoyens, de ne pas laisser subsister cette opinion.

On pouvait d'ailleurs la combattre par des raisons très-fortes et par des exemples : c'est ce que fait Paruta avec beaucoup de mesure et de discernement. La théorie de Machiavel convenait peut-être à Florence à qui les forteresses avaient été funestes dans plusieurs guerres. A l'époque de l'expédition de Charles VII, elles avaient attiré l'ennemi, s'étaient rendues sans résistance et n'avaient pu être recouvrées qu'au prix de grands sacrifices. On disait même proverbialement en Italie que les places fortes étaient les entraves de la Toscane (1).

Mais il ne fallait pas faire de cette maxime d'intérêt local une théorie absolue, applicable à tous les États. Venise n'était pas dans le même cas que Florence : au lieu d'être compromise par les forteresses, elle avait souffert de n'en plus avoir. Plusieurs de ses provinces,

(1) « Onde, non senza razione, nacque quel detto che le fortezze fussero i ceppi della Toscana. »

qui se trouvaient sur le chemin des Impériaux, étaient exposées à de continuels ravages : puisqu'elle avait des États de Terre-Ferme, il fallait bien qu'elle prît des mesures pour les protéger.

Avec la politique que semblait vouloir adopter le gouvernement vénitien et que conseillait Paruta, celle de la paix armée, rien n'était plus sage que d'élever des forteresses sur les frontières. On mettait ainsi le territoire de la République à l'abri d'une attaque imprévue ; on montrait aux nations voisines que, sans chercher la guerre, on se tenait prêt à la soutenir. Quand un peuple riche et commerçant, mais qui n'a pas l'esprit militaire, veut rester en paix, il faut qu'il organise puissamment ses moyens de défense. Il sera sûrement attaqué si on prévoit qu'il n'est pas préparé à se défendre. C'est ce que comprenait Paruta. Aussi, tout en conseillant à la République de renoncer à ses projets ambitieux et de se contenter de ce qu'elle possédait, il applaudit à toutes les mesures qui la rendent plus forte et qui garantissent l'intégrité de son territoire. Ce n'est pas assez de ne pas vouloir la guerre; il faut ne pas la craindre. L'indépendance d'un État est à ce prix.

Nous avons vu quel attachement profond Paruta porte à son pays. Mais Venise ne lui fait point oublier la patrie italienne ; l'Italie aussi lui est chère, et il ne parle qu'avec émotion de ses destinées. Malgré les divisions de la Péninsule, il y a toujours eu, quoi qu'on en dise, un lien très-fort entre tous ses habitants. Une origine commune, des souvenirs de gloire qui remontent à l'antiquité, la même langue et la même religion, rapprochent plus les Italiens que les intérêts divers des gouvernements et les jalousies de peuple à peuple ne les divisent. L'amour de la patrie italienne, qui se traduit souvent par la haine de l'étranger, est un sentiment général dans toutes les classes et dans toutes les provinces. On en retrouve la trace chez la plupart des écrivains, et surtout chez les politiques. Mais jamais peut-être ce sentiment ne parut plus fort qu'au seizième siècle. On connaît la belle péroraison du *Prince*, qui rachète bien des erreurs. L'Italie avait tant souffert de la guerre étrangère, que la pensée dominante des Italiens, au milieu de toutes leurs luttes, était de chasser les barbares. Deux fois les papes, Jules II d'abord et ensuite Léon X, prirent l'initiative d'un mouvement national contre les conquérants étrangers; mais l'entreprise, on le sait, ne réussit pas et ne servit qu'à attirer de nouveaux malheurs sur le pays qu'ils voulaient délivrer.

Les Vénitiens eussent souhaité, comme tous les Italiens, une autre issue de la guerre; mais on pouvait les accuser de ne pas avoir pris part à la seconde croisade, dirigée contre l'ennemi commun, et de l'avoir fait échouer en restant fidèles à l'alliance de la France.

Paruta repousse cette accusation au nom de son pays. Si Venise n'entra point dans la ligue formée par Léon X, c'est qu'elle en vit tous les dangers, et qu'elle ne voulut pas soutenir une politique contraire aux vrais intérêts de l'Italie (1). Il ne suffisait pas de concevoir un grand dessein, il fallait l'exécuter. Le projet du pape était admirable, dit-il. Chasser les ultramontains d'Italie était la chose la plus désirée des Italiens et la plus désirable : ce devait être là le principal objet des pensées et de l'ambition d'un prince puissant comme Léon X. Mais les moyens qu'il employa n'étaient pas les meilleurs.

(1) Lib. II, disc. IX. « Se fusse buona l'opinione, e sicuro il consiglio de Leone decimo, pontefice massimo, voler cacciare le nazioni forestiere del dominio dell' Italia con aiuto d' altre armi oltramontane. »

C'était une entreprise téméraire que de vouloir chasser les étrangers par les étrangers. En faisant alliance avec Charles-Quint contre les Français, le pape pouvait bien leur reprendre Parme et Plaisance, qu'il convoitait, et réussir à leur faire repasser les Alpes. Mais combien de temps eût servi la victoire ? Même avec l'appui des Impériaux, pouvait-on se flatter de chasser définitivement d'Italie ce peuple belliqueux, qu'aucun revers n'étonnait, et qui, après chaque nouvelle défaite, revenait en Lombardie avec une nouvelle ardeur ? Ce n'était rien que de vaincre une fois les Français, il fallait les tenir éloignés de l'Italie, et un tel projet ne pouvait réussir qu'avec le temps et la politique la plus habile.

Mais en admettant même, ce qui semblait impossible, qu'on pût les empêcher de repasser les Alpes, le pape et l'Italie n'avaient-ils pas tout à craindre des impériaux, leurs nouveaux alliés? Charles-Quint eût-il fait la guerre pour le seul plaisir de délivrer l'Italie, et sans demander aucune récompense de ses services? Pouvait-on compter sur le désintéressement de la maison d'Autriche? On savait bien que si l'empereur se décidait à combattre, c'était moins pour l'Italie que contre la France. Comment eût-on repris aux Impériaux les places qu'ils auraient voulu garder? En chassant les Français par le secours de l'empereur, l'Italie se donnait un maître qui n'eut pas manqué de faire valoir de vieilles prétentions sur l'empire d'Occident. Si Venise, en cette circonstance, soutint François Ier, ce fut moins encore par respect pour les traités que pour maintenir l'équilibre entre les deux puissances rivales, et pour contre-balancer l'influence des Impériaux. Elle ne voulait pas que l'une des deux l'emportât sur l'autre, et que l'Italie devînt la proie du vainqueur. Telle fut, dans toute cette guerre, la sage politique du gouvernement vénitien, politique moins hardie sans doute que celle du pape, mais plus sûre et plus conforme aux intérêts de l'Italie. Et qu'on ne l'accuse pas d'égoïsme! Car, malgré sa sympathie pour les Français et les motifs qui devaient l'engager à rester leur allié, il se prononça contre eux dès qu'il les vit trop puissants. Sa maxime constante, et c'est là ce qui prouve son dévouement à la cause italienne, fut de prendre le parti du plus faible contre le plus fort. S'il n'eût songé qu'aux intérêts de Venise, il ne se fût pas mis du côté des vaincus.

La neutralité armée était le seul rôle qui convînt aux papes, comme aux États italiens, et l'événement l'a bien montré. Qu'est-il résulté de toutes les guerres provoquées par Jules II et entretenues par les Médicis? L'Italie a-t-elle jamais plus souffert que, quand elle a été livrée aux Impériaux qui la ravageaient, sous prétexte de la défendre? Ne sont-ce point ces folles entreprises qui ont amené le sac de Rome et la dévastation des États de l'Église? L'abaissement de la France n'a profité qu'à la maison d'Autriche. Charles-Quint, qui devait délivrer l'Italie, s'est fait couronner roi d'Italie, à Bologne.

Ici Paruta ne cache point sa préférence et celle de son pays pour les Français. Léon X eut tort de ne pas rester neutre entre les deux rivaux; mais, s'il devait choisir une alliée, ce n'était point l'Autriche. Il n'y avait rien à attendre des Impériaux. C'est contre ces vieux ennemis de l'Italie, qu'on retrouve mêlés à toutes ses divisions et triomphants de tous ses malheurs, qu'il fallait pousser le cri de : « Guerre aux barbares! » Les Français seuls, si on se fût uni à eux contre l'Autriche, sans leur laisser prendre trop d'empire, eussent pu sauver l'Italie. Mais, en définitive, le conseil le plus sage eût été de ne point risquer une guerre, dans l'état de faiblesse et d'épuisement où se trouvait cette contrée, et d'attendre du temps et des négociations une liberté qu'on ne pouvait conquérir par les armes.

Je ne discute point la valeur de cette opinion qu'il serait possible de contester. J'en ai, du reste, reproduit volontiers l'expression, parce qu'il m'a semblé que, sous une modération apparente, expliquée par le sujet même, et par le nom du pontife dont Paruta censure la conduite, perçait un sentiment très-vif et très-profond des humiliations qu'avaient subies l'Italie, et une joie sincère de la voir enfin pacifiée, comme elle l'était, au temps où furent composés les *Discours politiques.*

J'ai tenu surtout à montrer que, malgré l'isolement des Vénitiens et leur position exceptionnelle dans la Péninsule, on retrouve chez eux, comme chez tous les Italiens, l'amour de la patrie commune. C'est un trait à ajouter au caractère de Paruta. Il faut remarquer, à son honneur, que son patriotisme n'a rien d'exclusif, et que, comme on devait l'attendre d'un cœur généreux, s'il se préoccupe avant tout des destinés de Venise, il ne reste point indifférent aux malheurs de l'Italie opprimée.

Pour terminer cette étude sur la deuxième partie des *Discours politiques* de Paruta, j'examinerai celui où il compare quelques princes modernes aux conquérants de l'antiquité (1). Je l'ai réservé pour la conclusion, parce que c'est là qu'est traitée la question la plus générale, et que se trouvent les aperçus les plus élevés.

En comparant l'histoire moderne à l'antiquité, dit Paruta, on est étonné qu'il y ait eu chez les anciens de si grandes et de si rapides conquêtes, et qu'il y en ait eu si

(1) Lib. II, disc. VI. « Perchè i principi moderni non abbiano fatto imprese pari a quelle che furono fatte dagli antichi. »

peu chez les modernes. Et cependant ni le génie, ni l'audace, n'ont manqué aux princes de ces derniers temps. Le seizième siècle en a vu trois qui méritent d'être mis en parallèle avec les plus grands capitaines de Rome et de la Grèce. Ce sont Charles-Quint, François Ier et Soliman, tous trois contemporains, tous trois rivaux de gloire. Que n'entreprit pas Charles-Quint dont la grande âme demeura intrépide, au milieu de tous les périls? Qui fut plus avide de gloire et de succès que François Ier, qui ne se lassa jamais de combattre et de commander les armées; et Soliman déposa-t-il jamais les armes, lui qui combattait encore à quatre-vingt-quatre ans, et qui mourut dans son camp?

Néanmoins, combien leurs entreprises restèrent au-dessous de celles des anciens! Les comparera-t-on aux expéditions d'Alexandre, de César et de Pompée? Charles mit sur pied de nombreuses armées, mais quel fruit en retira-t-il? La plus vaillante et la plus nombreuse qu'il ait jamais eue n'osa pas attaquer Soliman qui, de son côté, refusa la bataille. Qu'est-ce que l'expédition d'Alger dont on fait un grand bruit, à côté des guerres puniques et des victoires remportées par Scipion en *Afrique*? Charles-Quint et François Ier en vinrent plusieurs fois aux mains; mais, quoique le roi de France eût été plus souvent battu que l'empereur, la puissance de celui-ci en fut-elle augmentée, et parvint-il à s'emparer des États de son rival? Soliman a tenté de plus grandes choses, mais sans plus de résultats. Après avoir attaqué la Hongrie, à plusieurs reprises, il n'en conquit qu'une partie. Il prit Rhodes; mais quelle gloire y avait-il à s'emparer, avec une flotte et une armée formidables, d'un petit coin de terre défendu par quelques chevaliers? Son expédition de Perse qui ne fut qu'une marche victorieuse jusqu'à Tauris, ne lui assura aucun établissement solide dans le pays, et finit par une retraite précipitée.

Que toutes ces guerres paraissent misérables et stériles, si on les compare à celles des anciens! Cette infériorité des modernes a plusieurs causes. Une des premières, c'est que les forteresses arrêtent les conquérants. On ne peut les laisser derrière soi, parce qu'on s'expose à être coupé et affamé, en pays ennemi; et si on les attaque, que de temps il faut pour les prendre et quelle facilité on donne à l'ennemi pour préparer sa défense! Comment faire de grandes conquêtes quand on est, à chaque pas, arrêté par de tels obstacles? Pendant qu'on assiége une place, l'ennemi qu'on a vaincu se reforme et répare ses pertes. Ce sont des forteresses qui ont fait échouer presque toutes les entreprises des modernes. Charles-Quint, qui avait pénétré au cœur de la France, fut arrêté dans sa marche par la forteresse de Saint-Dizier. Le dauphin, fils de François Ier, ne pénétra point en Espagne, parce qu'il ne put enlever le château de Perpignan. Soliman, qui marchait sur Vienne, perdit beaucoup de temps au siége de Bude : ce retard permit à Charles-Quint de réunir ses forces et sauva l'empire.

Plus heureux, les conquérants de l'antiquité ne sont guère arrêtés que par des obstacles naturels ou par des armées. L'ennemi vaincu, ils ne trouvent plus de résistance, parce qu'on ne se retranche pas, comme font les modernes, dans l'enceinte des forteresses. Alexandre pénètre jusqu'au fond de l'Asie sans assiéger beaucoup de villes. La marche de Pompée contre Mithridate est si rapide qu'elle ne dut être retardée par la défense d'aucun poste. Quant à César dont les victoires ont été moins faciles, en Espagne et en Gaule, ce n'est point au siége des places fortes, mais à la difficulté des lieux et à la résistance de l'ennemi qu'il faut attribuer la lenteur de ses conquêtes.

Cet argument de Paruta n'aurait pas grande valeur, s'il était isolé; il a besoin d'être soutenu par ce qui suit. On pourrait lui répondre qu'il y a eu des siéges très-longs et très-difficiles dans l'antiquité. Alexandre, dont il invoque l'exemple, n'a-t-il pas été retenu sept mois devant Tyr? Ces acropoles qui couvrent le sol de la Grèce n'étaient-elles pas des forteresses? Si les places fortes ne jouaient qu'un rôle insignifiant dans les guerres de l'antiquité, pourquoi appelait-on Démétrius, Chalcis et Corinthe les entraves de la Grèce? Démétrius ne devait-il pas le surnom de Poliorcète à son habileté dans les siéges? Chez les Romains, les siéges de Véies, de Capoue, de Syracuse et de Carthage ne sont-ils pas célèbres?

Paruta ajoute heureusement, à l'appui de son opinion, une raison plus convaincante : c'est que, chez les modernes, l'invention de l'artillerie a égalisé les forces des combattants. Grâce à cette invention, le faible peut résister plus facilement à une première attaque, soutenir un siége plus longtemps et faire plus de mal à l'agresseur. C'est aussi à cause de cette arme redoutable qu'on en vient plus rarement aux mains, en bataille rangée, et que les généraux mettent leur habileté à vaincre sans combat. Les victoires sont, en effet, beaucoup moins décisives et plus disputées que chez les anciens. L'artillerie fait des deux parts de grands ravages. Il arrive souvent que le vainqueur a presque autant souffert que le vaincu. Les chances sont plus égales. On ne voit plus de batailles, comme celles d'Arbèles ou de Cannes, où toutes les pertes sont d'un côté. Quand une armée a pris quelques villes et remporté une victoire, elle est souvent si épuisée qu'elle ne peut continuer sa marche, en pays ennemi, et qu'elle perd, en se retirant, toutes ses conquêtes.

L'usage de l'artillerie a eu un autre résultat dans les guerres modernes, c'est de ne pas permettre la même rapidité de mouvements. Le lourd matériel qu'un général traîne avec lui embarrasse sa marche et retarde ses opérations. De plus, les armées anciennes avaient sur les modernes l'avantage d'être surtout composées d'infanterie. Le soldat à pied peut fournir une longue campagne, tandis que la cavalerie qui a ses chevaux à nourrir oblige les généraux à plus de précautions, à des haltes plus fréquentes et à certaines considérations de temps et de lieu que ne connaissaient pas les anciens.

C'est là une observation vraie, quoiqu'on puisse répondre qu'Annibal a fait avec ses Numides l'une des marches les plus longues et les plus rapides que jamais général ait tentées. Malgré cet exemple isolé, il n'en est pas moins certain que l'infanterie va plus loin, plus vite et plus longtemps que la cavalerie. C'est un principe consacré par les grandes guerres européennes. Paruta avait raison de regarder la composition des armées de son temps, et la préférence presque exclusive donnée à la gendarmerie, comme une des causes de leur faiblesse. On en avait eu déjà, nous l'avons dit, bien des preuves au XVIe siècle. L'infanterie suisse et l'infanterie espagnole avaient presque toujours enfoncé les gendarmes. Mais ce ne fut qu'au siècle suivant que l'infanterie fut complétement réhabilitée, et qu'elle devint la principale force des armées.

Paruta remarque aussi, avec vérité, que les princes modernes n'ont pu faire de grandes entreprises, parce qu'ils avaient des forces à peu près égales, et que leur puissance se contre-balançait l'une l'autre. En effet, quoique l'équilibre européen ne fût pas encore solidement établi, on ne saurait dire quel était le plus redoutable de François Ier, de Charles-Quint et de Soliman. Il semblait impossible que l'un des trois parvînt à conquérir les États d'un des deux autres. François Ier ne pouvait être vaincu par Charles-Quint, comme Darius par Alexandre, ou comme Mithridate par Pompée. Cela tenait autant, du reste, aux nécessités nouvelles de la politique et aux institutions modernes qu'au partage égal des forces de l'Europe entre plusieurs souverains.

Paruta termine ce discours par une réflexion pleine de tristesse sur la politique violente et injuste des princes modernes. Il rappelle combien Alexandre et les Romains ont conquis de provinces par leur modération. Que de généraux romains ne sont pas moins célèbres par leur clémence et par leur justice que par leurs talents militaires ! Alexandre arrivé dans l'Inde, au lieu de ravager le pays, traite avec les différents princes qui se le partageaient, reçoit leur soumission et ne fait sentir sa force que pour assurer sa domination. Pompée règle les différends des rois de l'Asie, pacifie de vastes contrées et fait chérir le nom de Rome par son équité. Il semble que, chez les anciens, dit Paruta, les conquérants aient aimé la gloire pour elle-même et qu'ils aient compris, même au milieu de leurs entreprises et de leurs projets ambitieux, les pures jouissances de la vertu. Ils ont su se faire aimer de leurs sujets et gagner l'affection de ceux qu'ils avaient vaincus.

Ce tableau de l'antiquité paraîtra peut-être flatté; mais la pensée de l'auteur est si généreuse et le sentiment qui l'a dictée si noble, qu'on ne saurait le blâmer d'avoir embelli l'histoire ancienne pour flétrir la politique des princes de son temps.

Quels spectacles différents lui offrent les guerres modernes ! Ce n'est plus par amour de la gloire que les souverains prennent les armes ; c'est pour satisfaire leur vengeance ou pour dépouiller les peuples qu'ils ont conquis. Paruta était Italien : il s'indignait de ce qu'avait souffert sa patrie livrée aux étrangers. Il se rappelait Lautrec, gouverneur du Milanais pour la France, faisant vivre ses soldats de pillage et d'exactions ; et le connétable de Bourbon conduisant son armée au sac de Rome qui dura dix mois. L'Italie avait été vingt fois ravagée par les bandes des lansquenets. Ceux qui s'en disputaient la possession ne semblaient la conquérir que pour la ruiner.

Le souvenir de ces malheurs devait profondément attrister l'âme pure de Paruta. Sa vertu n'en souffrit pas moins que son patriotisme. Il avait au plus haut degré, nous l'avons vu, le sentiment de la justice : la vie politique n'était pour lui qu'une application des principes de la morale. Combien les maximes des princes du XVIe siècle différaient des idées qu'il avait soutenues ! Combien elles s'éloignaient de cette perfection qu'il avait proposée à l'homme politique comme le plus noble but auquel pussent aspirer l'intelligence et l'activité humaines ! Indépendamment même de toute considération morale ou patriotique, son bon sens proteste contre la fausse politique des souverains modernes ; il leur montre que leurs violences, aussi maladroites qu'odieuses, ont un résultat tout contraire à celui qu'ils en attendent. Les peuples attaqués, sachant bien qu'ils n'ont pas de pitié à attendre du vainqueur, se défendent avec le courage du désespoir pour ne pas tomber entre les mains d'un maître impitoyable. Ainsi les conquêtes deviennent impossibles par les vices mêmes des conquérants. C'est au nom de leur intérêt, autant qu'au nom de la morale, que Paruta les conjure de revenir à des sentiments plus humains. Qu'ils imitent les exemples des anciens! Ils verront que la justice, la clémence et la modération valent mieux que les armées aguerries pour acquérir de nouveaux domaines et pour conserver ceux qu'ils ont acquis. Qu'ils soient généreux! La gloire et le succès sont à ce prix.

C'est là une belle invocation, digne de l'auteur de la *Perfection de la vie politique*, et inspirée à la fois par l'amour de la patrie et par l'amour du bien. Les plus nobles sentiments accompagnent toujours chez Paruta les réflexions les plus judicieuses et les conseils les plus sages. Il n'est pas moins moraliste que politique.

Avant de porter un jugement général sur les *Discours politiques* de Paruta, je dois dire un mot sur une question incidente qui a été soulevée à leur occasion.

Montesquieu a-t-il fait des emprunts à Paruta?

Les Italiens nous accusent volontiers de plagiat. On entend dire à Venise que le *Contrat social* est tout entier dans Gravina, et un écrivain sérieux trouve le germe de *l'Esprit des lois* dans la *Raison d'État* de Botero (1). C'est encore ainsi que Vauban aurait puisé tout son système de fortifications dans le traité d'architecture militaire du Bolonais Marchi (2). Une prétention de ce genre s'est élevée en faveur de Paruta. Deux historiens de la littérature italienne, Corniani et l'abbé Maffei, affirment que Montesquieu s'est inspiré de ses *Discours politiques* pour composer la *Grandeur et décadence des Romains* (3). Corniani cite

(1) Conte Napione. *Piemontesi illustri*, t. I. Botero.

(2) Pini, *dialoghi sopra l' architettura.*

(3) Corniani. *I Secoli della letteratura Italiana*, t. VI, art. 33, Brescia, 1809.— Maffei. *Storia della letteratura Italiana*, t. II, cap. 8, Milano, 1834.

même quelques-unes des pensées que notre grand publiciste lui emprunte. C'est une question d'histoire littéraire qu'il est curieux d'éclaircir.

On peut soupçonner, à bon droit, Montesquieu d'avoir déguisé ses emprunts. L'épigraphe de *l'Esprit des lois* nous montre qu'il avait la prétention de ne rien devoir à personne. Il ne cache pas ce qu'il a pris aux anciens ; il invoque, dans bien des cas, leur autorité ; mais il n'indique jamais les sources où il a puisé chez les modernes. Machiavel, dont il a souvent reproduit les opinions, et Saint-Évremont qui ne lui a pas été inutile, ne sont pas cités une seule fois dans la *Grandeur et décadence des Romains.* A-t-il emprunté aussi quelques idées à Paruta, sans le nommer ? C'est ce que la comparaison des deux ouvrages peut seule nous apprendre.

Il faut remarquer d'abord combien le but que se sont proposé les deux auteurs est différent. Paruta jette quelques aperçus sur Rome, un peu confusément, sans ordre et sans qu'on puisse tirer de ses *Discours* autre chose que des considérations isolées. Montesquieu, au contraire, résume, dans un livre bien ordonné, toute la philosophie de l'histoire romaine, et la ramène à quelques faits généraux qui s'enchaînent et qui s'expliquent les uns par les autres. Il prend Rome à son origine, il suit le développement de sa grandeur à travers les âges ; il marque le commencement et les progrès de sa décadence, jusqu'au moment où elle succombe ; en un mot, il embrasse dans sa pensée un vaste ensemble dont Paruta n'a saisi que quelques points. Les occasions de rapprochement entre les deux écrivains ne seront donc pas très-nombreuses, et la plus grande partie de l'œuvre de Montesquieu échappera à la comparaison.

Il reste à savoir maintenant s'il n'y a pas entre eux,

sur les questions générales qu'ils ont traitées l'un et l'autre, de graves dissentiments. Paruta, nous l'avons vu, condamne, dès l'origine, la constitution romaine et y trouve en germe toutes les causes de la ruine future de Rome. Il regarde comme un malheur que l'équilibre des pouvoirs n'y ait pas été observé, et que l'élément démocratique y ait dominé par la force même des choses. Il préfère à cette constitution trop populaire le gouvernement aristocratique de Sparte, qui a servi de modèle à celui de Venise. Sur ce point capital, Montesquieu est d'un sentiment tout différent. Il ne trouve rien à blâmer dans la constitution de Rome, et il en fait, en termes expressifs, le plus complet éloge : « Le gouvernement de Rome, dit- » il, fut admirable en ce que, depuis sa naissance, sa » constitution se trouva telle, soit par l'esprit du peuple, » la force du Sénat ou l'autorité de certains magistrats, » que tout abus du pouvoir y put toujours être corri- » gé (1). » La constitution de Venise ne lui inspire, au contraire, aucune admiration, et il la juge avec beaucoup de sévérité dans un passage où, sans la nommer, il la désigne clairement. « Les républiques italiennes, dit-il » après avoir parlé de Rome, qui se vantent de la perpé- » tuité de leur gouvernement, ne doivent se vanter que » de la perpétuité de leurs abus ; aussi n'ont-elles pas » plus de liberté que Rome n'en eut du temps des décem- » virs (2). » Il est impossible d'être moins d'accord avec Paruta.

Montesquieu ne blâme pas non plus, comme celui-ci, les divisions qui éclataient sans cesse entre le peuple et les patriciens. Il ne croit pas qu'elles aient contribué à la ruine de la République ; il les regarde comme salutaires

(1) Montesquieu. *Grandeur et Décadence*, ch. 8.
(2) *Ibid.*

et nécessaires à un État libre ; « car toutes les fois, dit-il » qu'on verra tout le monde tranquille dans un État qui se » donne le nom de République, on peut être assuré que » la liberté n'y est pas (1). »

Sur les causes de la ruine de Rome, les deux écrivains sont plus d'accord. Ils attribuent l'un et l'autre aux guerres lointaines et aux longues expéditions la perte de la liberté. Les soldats, sans cesse éloignés de la ville, ne connurent plus d'autre autorité que celle de leur général ; ils lui obéirent d'abord contre l'ennemi, et plus tard, perdant le respect des lois, contre la patrie elle-même. C'est là, du reste, une vérité si frappante qu'elle ne devait échapper à aucun des historiens modernes de la République romaine : elle n'appartient à personne ; car si celui qui l'a exprimée le premier ne l'avait pas trouvée, elle l'eût été infailliblement par ceux qui l'ont suivi. Mais à cette cause si connue et si évidente de la ruine de Rome, Montesquieu en ajoute une autre que Paruta n'avait pas même indiquée, c'est l'extension du droit de cité à tous les peuples de l'Italie. « Dès lors, dit-il, Rome » ne fut plus cette ville dont le peuple n'avait eu qu'un » même esprit, un même amour pour la liberté, une » même haine pour la tyrannie. Les peuples d'Italie étant » devenus ses citoyens, chaque ville y apporta son génie, » ses intérêts particuliers et sa dépendance de quelque » grand protecteur (2). » Au lieu de cela, Paruta parle simplement de la folie du peuple qui, comme il arrive toujours dans les États populaires, se livre à ses chefs et les porte au pouvoir.

Ainsi, sur des points essentiels, les opinions des deux

(1) Montesquieu. *Grandeur et Décadence*, ch. 9.
(2) *Ibid.*

écrivains se contredisent ou n'ont aucun rapport les unes avec les autres. Jusqu'ici Montesquieu n'est pas redevable d'une seule idée à Paruta. On trouvera plus de ressemblance entre eux dans les questions de détail.

Il n'y a qu'une seule considération générale qui leur soit commune et qui prête à un rapprochement : c'est que Rome, organisée pour la guerre, a dû toute sa force à ses institutions militaires et ne se soutint que par elles, à l'époque de sa décadence. Cette idée est longuement développée et, à certains moments, exprimée, presque dans les mêmes termes, par les deux écrivains.

« Tant que la discipline se conserve dans l'armée, dit » Paruta, l'empire n'est point entamé. Rome, dit-il en- » core, était arrivée au comble de la puissance et de la » grandeur par la vertu singulière de ces fameux Ro- » mains des premiers âges et par l'excellence et la per- » fection de ses institutions militaires. Mais aussi, quand » les mœurs y furent corrompues et qu'elle s'écarta si » complétement de ses premiers principes, elle devait » périr, car il est certain que les États se développent et » se conservent par les causes mêmes qui les ont formés, » et se détruisent par les causes contraires (1).

» Lorsque, sous les empereurs, dit Montesquieu, toutes » les vertus des Romains s'évanouirent, l'art militaire leur » resta avec lequel ils conservèrent ce qu'ils avaient ac- » quis. Mais lorsque la corruption se mit dans la milice » même, ils devinrent la proie de tous les peuples. Un » empire fondé par les armes a besoin de se soutenir par » les armes (2). » Ils remarquent aussi l'un et l'autre, en traitant la même question, que l'introduction des bar-

(1) Paruta. *Discorsi*, lib. I, disc. XI.
(2) Montesquieu. *Grandeur et Décadence*, ch. 18.

bares dans les armées romaines contribua à la perte de l'empire.

« Les Romains établissaient, dit Montesquieu, des » usages tout contraires à ceux qui les avaient rendus » maîtres de tout ; et comme autrefois leur politique con- » stante fut de se réserver l'art de la guerre et d'en pri- » ver tous leurs voisins, ils le détruisaient pour lors chez » eux et l'établissaient chez les autres (1). » Paruta avait dit la même chose. C'est là le principal emprunt qu'indique Corniani, et il faudrait réellement y attacher de l'importance si le fait se reproduisait souvent, et s'il y avait dans l'idée de Paruta quelque chose d'assez original pour que Montesquieu n'eût pu la rencontrer à son tour.

Les autres traits de ressemblance énumérés par Corniani méritent moins d'attention, parce qu'il s'agit d'idées moins importantes ou plus communes.

Ainsi Paruta et Montesquieu observent l'un et l'autre que Rome étend ses conquêtes autant par son habileté que par la force de ses armes, qu'elle intervient dans les querelles des peuples, qu'elle pacifie leurs différends au profit de sa puissance, et que, sous prétexte de défendre ses alliés, au nom même de leur liberté, elle leur envoie des armées qui les surveillent. Mais c'est là un fait qui ressort si naturellement de l'histoire de Rome qu'on ne peut étudier la politique du Sénat sans en être frappé. Un historien qui ne le remarquerait pas manquerait de pénétration. On n'accusera pas Montesquieu d'avoir pris à Paruta ce que le génie le plus ordinaire eût trouvé sans effort.

Quant à cette autre maxime exprimée par les deux

(1) Montesquieu. *Grandeur et Décadence*, ch. 18.

écrivains, que les Romains, par principe, se servaient peu de troupes auxiliaires, et ne voulaient pas que leurs alliés devinssent aussi belliqueux qu'eux-mêmes, ils l'ont prise l'un et l'autre dans Végèce (1). Rome, disent-ils aussi tous deux, ne put recouvrer sa liberté, après la mort de César, à cause de la corruption des mœurs. C'est là le dernier emprunt dont parle Corniani, et il faut avouer qu'il n'est pas très-important.

D'autres passages que ne cite point l'historien de la littérature italienne m'ont paru plus curieux à rapprocher.

Paruta dit que les rois de Rome ont jeté les premiers fondements de sa puissance, et que chacun d'eux, avec un génie différent, a apporté sa pierre à l'édifice. Romulus en a fait une ville militaire ; Numa lui a donné des lois et une religion; Tullus Hostilius l'a rendue conquérante; Ancus Martius l'a agrandie (2). Montesquieu exprime la même opinion. « Une des causes de sa prospé» rité, dit-il, c'est que ses rois furent tous de grands per» sonnages. On ne trouve point ailleurs dans l'histoire » une telle suite non interrompue de tels hommes d'État » et de tels conquérants (3). » Paruta regarde comme une des meilleures institutions militaires de Rome la sage distribution du butin qui était partagé également entre ceux qui avaient combattu et ceux qui étaient restés à la garde de la ville ou du camp. C'est ce que dit aussi Montesquieu (4).

Dans un autre passage, Paruta remarque que les Romains n'ont jamais déposé les armes et ne se sont arrê-

(1) Montesquieu, ch. 18. Paruta. *Discorsi*, lib. I, disc. XII.
(2) Paruta, lib. I, disc. X.
(3) Montesquieu, ch. 1.
(4) Paruta, lib. I, disc. XII. Montesquieu, ch. 1.

tés dans le cours de leurs guerres qu'après avoir entièrement vaincu l'ennemi (1). « Une autre suite du principe » de la guerre continuelle, dit Montesquieu, fut que les » Romains ne firent jamais la paix que vainqueurs (2). » Paruta fait cet éloge des armées romaines qu'il était impossible que, avec leur discipline admirable, même quand elles étaient battues, elles ne soutinssent en quelque point le choc de l'ennemi, et qu'il ne s'en échappât une partie (3). Montesquieu dit de son côté : «Leurs troupes étant » toujours les mieux disciplinées, il serait difficile que, » dans le combat le plus malheureux, ils ne se ralliassent » quelque part (4). »

Ces exemples et quelques autres moins intéressants font penser que, si Montesquieu n'a fait aucun emprunt considérable à Paruta, il connaissait cependant les *Discours politiques*, et qu'il avait particulièrement médité le onzième et le douzième. Son voyage à Venise est antérieur à la publication de la *Grandeur et Décadence des Romains.* C'est là sans doute qu'il entendit parler du livre de Paruta, et que, préparant son ouvrage, il voulut connaître celui des écrivains italiens qui, après Machiavel, avait le mieux étudié la politique romaine. Cette lecture ne lui fut pas inutile : il était impossible que tant de considérations sages et élevées ne fissent pas impression sur le futur historien de Rome. Montesquieu put ainsi s'approprier par la réflexion quelques-unes des idées de l'écrivain vénitien qu'il entrevoyait peut être déjà, mais qui, exprimées et développées dans les *Discours politiques*, se présentèrent à son esprit avec plus de clarté et de force. Plus

(1) Paruta, lib. I, disc. XII.
(2) Montesquieu, ch. 1.
(3) Paruta, lib. I, disc. XII.
(4) Montesquieu, ch. 2.

tard, il s'en servit sans scrupule comme d'un bien qu'il ne devait pas moins à lui-même et à ses propres méditations qu'à la lecture d'un ouvrage étranger. Il lui était difficile de faire la part exacte de Paruta sans amoindrir la sienne ; on ne sait jamais au juste, quand on écrit sur un sujet déjà connu, ce qu'on a emprunté aux autres et ce qu'on a trouvé en soi-même. Il aima mieux oublier sa dette, et il faut avouer qu'elle était vraiment trop légère, pour qu'on puisse lui faire un crime de ce silence. Le petit nombre d'idées qu'il a pu emprunter à l'écrivain vénitien, est comme noyé dans cette foule de considérations profondes et originales que lui ont suggérées l'étude et l'intelligence de l'histoire.

Réduisons donc la prétention des critiques italiens à sa juste valeur. Assurément Montesquieu a connu les *Discours politiques* de Paruta et s'en est servi ; il eût dû par conséquent le citer et lui faire honneur de ce qu'il lui avait pris. Mais il ne faut pas exagérer l'importance de ces emprunts. Quelques idées qui ont été inspirées par une lecture, mais qu'on croit peut-être de bonne foi personnelles et originales, et qu'on s'est d'ailleurs appropriées en les développant, ne constituent pas un plagiat. La gloire de Montesquieu n'en est pas diminuée ; il n'en reste pas moins le seul et incontestable auteur des *Considérations sur la grandeur et la décadence des Romains.* Son œuvre n'eût été ni moins belle ni moins complète si Paruta n'eût point écrit.

Jugement général sur les *Discours politiques*.

Les *Discours politiques* de Paruta méritent d'être comptés parmi les ouvrages les plus importants qu'ait produits la science politique en Italie. Là, plus encore que dans la *Perfection de la vie politique*, se révèlent toutes les qualités d'un esprit vigoureux et pénétrant, profondément versé dans la connaissance de l'antiquité et de l'histoire moderne. Il était difficile, après Machiavel, de rajeunir un sujet si éloquemment traité. Il semblait que tout fût dit sur le gouvernement et sur les institutions de Rome. La République romaine avait été étudiée non-seulement en elle-même, mais dans ses rapports avec les États modernes. Le publiciste florentin n'avait négligé aucune des questions qui intéressent la politique. Se proposant surtout d'instruire ses compatriotes par l'exemple de l'antiquité, il avait dégagé des faits historiques la leçon qu'ils contiennent. Les *Discours* renfermaient à la fois les considérations les plus élevées sur le passé et les conseils les plus utiles pour le présent. C'était un résumé de la philosophie de l'histoire et un code politique, à l'usage des nations modernes.

Paruta sans affectation, mais sans crainte, se propose le même but. La question ne lui paraît pas définitivement résolue. Ce que Machiavel a déjà fait, il ose le refaire; nous avons vu comment il y réussit. Il a le mérite d'être original et vrai, même après le secrétaire florentin. Les pensées des *Discours politiques* appartiennent si bien à l'auteur; on voit si clairement qu'elles sont le résultat de ses méditations et qu'elles ne doivent rien aux travaux qui les ont précédés, qu'on ne soupçonne jamais Paruta d'avoir emprunté l'opinion de Machiavel, même quand il la reproduit. Si, dans les discussions qu'il engage avec lui sur quelques points particuliers, il n'a pas toujours l'avantage, il n'est jamais vaincu qu'honorablement et parce qu'il s'est mis sur la brèche pour défendre les institutions et les actes de son pays. Il ne réussit pas toujours à donner tort à son adversaire; mais il ébranle parfois la confiance que nous avons en lui; il fait naître des doutes dans notre esprit, il nous force à revenir sur ce que nous avions accordé à l'autorité d'un grand écrivain, et il nous laisse indécis entre les deux opinions. Quelquefois même il l'emporte sur Machiavel par la justesse des aperçus : il a raison contre ce qui paraissait la raison même. Enfin, quoi qu'il arrive, ou vainqueur ou vaincu, il conserve son originalité à côté de son devancier. On ne le confond pas dans la foule des imitateurs. La hardiesse de ses opinions, la nouveauté de quelques jugements et surtout son ardent patriotisme lui donnent un caractère à part.

Il y a d'abord dans son œuvre toute une partie qui ne provoque aucune comparaison, parce qu'il s'occupe de faits que n'a point étudiés Machiavel. Mais là même où il se rencontre avec lui, il se place pour juger l'histoire à un point de vue tout différent. Machiavel écrit pour Florence et Paruta pour Venise. L'un s'adresse à une république populaire, l'autre à un gouvernement aristocratique.

Machiavel, et c'est là une des causes de sa supériorité, se dégage plus facilement des considérations particulières et s'élève à des idées plus générales. Il aime la constitution de son pays, mais sans fanatisme ; il en connaît tous les défauts et il ne sacrifie jamais rien de ce qu'il croit être la vérité aux préjugés de ses compatriotes. Comme il n'a pas sans cesse devant les yeux l'image d'un gouvernement modèle, il ne rapporte pas tout à cet objet unique de son admiration, et il juge plus librement tout ce qui en diffère. Cette liberté de sentiment lui permet aussi d'oublier Florence et son histoire, d'agrandir son sujet et de traiter, sans préoccupation patriotique, les questions qui intéressent tous les peuples. Quoiqu'il cherche dans les faits des enseignements pour son pays, il en trouve de plus généreux au profit de l'humanité. Ce qu'il dit eût pu souvent n'être écrit ni à Florence ni pour elle.

Paruta est plus dominé par l'influence locale; il est avant tout citoyen de Venise, admirateur passionné des lois de sa patrie. Il ne la juge jamais, comme le fait Machiavel, en spectateur désintéressé; quelque désir qu'il ait de rester impartial, il apporte dans ses jugements une passion trop vive pour être sûr de lui-même et de la liberté de son esprit. Ce sens critique, qu'il applique si bien à Rome et aux gouvernements de l'antiquité, s'obscurcit dès qu'il touche à la constitution vénitienne. Un patriotisme aussi exclusif a un autre danger; il s'empare si absolument de la pensée de l'auteur qu'il reparaît malgré lui au fond de toutes ses opinions, et que, dans les questions historiques qui ont besoin d'être jugées sans parti pris, il le ramène sans cesse, par une comparaison involontaire, à l'éloge de Venise et de sa politique. Ainsi Paruta borne son horizon. Il s'élève rarement à ces considérations générales qu'inspire à l'historien la simple étude des faits, et qui ne s'appliquent ni à une ville ni à une époque, mais à tous les temps comme à tous les peuples. On ne peut oublier, en lisant le livre de Paruta, qu'il est Vénitien et qu'il écrit pour son pays.

Mais si c'est là un défaut pour un historien qui ne doit rechercher que la vérité absolue, il ne faut pas le reprocher trop sévèrement à un écrivain politique, préoccupé avant tout du désir d'être utile. Ce patriotisme d'ailleurs, dont on blâme quelquefois l'expression inopportune, anime et élève la pensée de l'auteur : c'est lui qui fait l'intérêt et l'originalité des *Discours politiques*. Un sentiment si fort et si persistant révèle tout un caractère et fait passer dans l'œuvre quelque chose de la vie. On reconnaît à cet enthousiasme pour Venise l'homme politique qui a débuté dans la carrière par l'éloge des citoyens morts pour son pays ; qui a défendu le Sénat, accusé d'avoir fait avec les Turcs un traité humiliant, et réconcilié le pape avec la République par l'autorité de son patriotisme.

Dans la pensée de Paruta, les *Discours politiques* complètent une œuvre déjà commencée par la défense du Sénat et par l'*Histoire de la guerre de Chypre*, la justification historique de la politique vénitienne. La conclusion de son livre, c'est que Venise a bien fait tout ce qu'elle a fait et qu'elle est arrivée par ses institutions au même degré de prospérité et de grandeur que les républiques les plus fameuses. Sparte a été longtemps glorieuse et forte, mais enfin elle a succombé, tandis que Venise, qui a déjà vécu presque autant qu'elle, a l'espoir d'un long avenir. Athènes, sans cesse agitée, n'a connu que la gloire sans arriver à la stabilité. Carthage n'a duré qu'un temps. Rome enfin a été plus puissante, mais moins heureuse.

Si l'on se récrie sur ce qu'il y a d'exagéré dans ces comparaisons, et si l'on remarque que l'amour de la patrie qui se traduit ainsi révèle plutôt l'orgueil du citoyen que la raison de l'écrivain politique, il faut se reporter, pour être juste, au temps où vivait Paruta. Il y a des moments où l'on ne peut trop glorifier son pays, où ni la critique ni le doute ne sont permis sur le mérite de ses institutions, et où l'apologie du gouvernement devient un devoir politique. A la fin du XVIe siècle, la puissance de Venise déclinait ; la découverte de l'Amérique et du nouveau passage qui conduit aux Indes ruinait son commerce ; les dernières guerres d'Italie avaient appris combien il était facile de la vaincre et de la dépouiller de ses États de terre ferme; enfin, les Turcs étendant leurs conquêtes, lui avaient enlevé successivement la Morée, une partie de l'archipel et l'île de Chypre. Tous ces malheurs frappaient le peuple, et jetaient dans les âmes de vagues inquiétudes. On se demandait tout bas si la fortune de la République n'était point menacée, si son gouvernement n'avait point faibli dans les épreuves qu'elle avait traversées, et si enfin ses institutions, réputées si admirables, ne renfermaient pas quelque vice secret qu'il fallait corriger. Ces pensées n'osaient se faire jour, à cause de la peur qu'inspirait aux citoyens le gouvernement despotique des patriciens ; mais elles se répandaient dans la multitude et chacun les sentait en soi-même comme une menace et une crainte pour l'avenir. Les étrangers eux-mêmes en subissaient l'influence; on s'entretenait en Italie des revers de la République; on remarquait avec joie que cette puissance si fière, qu'on avait si longtemps enviée et redoutée, éprouvait à son tour les malheurs qu'elle s'était flattée de ne jamais connaître. Elle perdait peu à peu son rang dans l'opinion publique; on n'était plus si persuadé de l'excellence de son gouvernement. Machiavel l'avait condamnée, nous l'avons vu, par un jugement sévère que chacun répétait.

C'est à ce moment que Paruta écrit ses *Discours.* Au lieu d'être l'interprète des frayeurs et des défiances populaires, il les combat avec énergie : il réhabilite Venise aux yeux des Vénitiens et des étrangers. S'il y a eu quelques faiblesses dans le gouvernement, il les justifie; si on a fait des fautes, il les passe sous silence; si le vice même des institutions vénitiennes s'est révélé, il l'atténue. Il ne s'attache qu'aux souvenirs glorieux; il prouve par des exemples et par des arguments historiques que Venise, en perdant quelques possessions, n'en est pas moins restée la plus heureuse et la plus florissante des républiques. Pour calmer les craintes et pour adoucir les regrets des Vénitiens, il montre que la vraie destinée des États n'est point de s'agrandir, mais de se développer en paix dans les limites que leur a tracées la nature. Il encourage ainsi la politique pacifique du Sénat; il condamne l'esprit de conquête qui a fait tant de mal à sa patrie; il rassure le peuple inquiet; il raffermit sa confiance dans les institutions qui lui ont donné tant de gloire et de prospérité. Il lui apprend que des revers inévitables ne prouvent rien contre ces institutions, et qu'elles n'en offrent pas moins le modèle le plus parfait de gouvernement. S'il y a eu des malheurs, il en indique le remède; le seul moyen d'en prévenir le retour, c'est précisément de se renfermer dans l'esprit de la constitution vénitienne et de ne point rêver de conquêtes chimériques, quand on n'a ni la puissance de les faire ni celle de les garder.

Qu'on lui pardonne donc d'avoir fait sans réserve l'éloge de son pays! Il est assez justifié par le motif qui l'inspire. Attribuons au patriotisme ce qu'on eût pu, dans d'autres temps, attribuer à l'orgueil national. Son livre est l'œuvre d'un homme politique et d'un bon citoyen.

Nous avons vu d'ailleurs tout ce que les *Discours* renferment de considérations remarquables et profondes sur l'histoire de Rome et sur quelques-uns des événements de l'histoire moderne. En dehors des questions purement théoriques et des points déjà traités par Machiavel, nous avons montré tout ce qu'il y a de commun entre les idées de Paruta et celles de Saint-Évremont, de Bossuet et de Montesquieu, qu'il a eu l'avantage de précéder. Ce n'est point un médiocre honneur que d'avoir exprimé le premier ce que l'intelligence de l'histoire devait révéler plus tard à de grands écrivains.

Quelques idées contestables que j'ai relevées ne diminuent pas le mérite de Paruta. Il arrive aux esprits les plus droits de se tromper quelquefois en raisonnant sur les causes des événements. Il y a toujours dans la philosophie de l'histoire une partie conjecturale qui prête à la controverse. J'excuse moins volontiers quelques hypothèses un peu sophistiques qui se sont glissées dans l'œuvre et que l'auteur hasarde, par un pur caprice d'esprit, non pas sur des faits certains, mais sur des probabilités.

En résumé, malgré des défauts que je n'ai point dissimulés, le livre des *Discours politiques* prend place, dans la littérature du seizième siècle, immédiatement après les *Discours sur Tite-Live* de Machiavel et au-dessus de tous les écrits politiques du même temps. Publié en 1599, un an après la mort de l'auteur, par les soins de son fils, ce livre obtint, comme la *Perfection de la vie politique*, un légitime succès, et fut connu sur-le-champ hors de l'Italie. Les étrangers allèrent même plus loin que les Italiens dans leur admiration. Tandis que Tiraboschi se contente de dire que l'ouvrage de Paruta renferme des considérations de vraie et sage politique, et qu'il y discourt avec beaucoup de sagacité et de pénétration sur les gouvernements anciens et modernes (1), on en fait au delà des Alpes le plus pompeux éloge. Bœcler associe Paruta à Machiavel, dans cette phrase déjà citée où il les loue l'un et l'autre d'avoir donné les

(1) « Stimatissimo per le riflessioni di vera e savia politica, in cui degli antichi e de' recenti discorre con finissimo intendimento. » *Tiraboschi,* t. VII, p. 944.

premiers modèles de dissertations politiques (1), et il affirme ailleurs qu'on ne peut assez admirer les *Discours* (2). Gabriel Naudé, plus explicite encore, en énumérant les auteurs de *Discours politiques*, dit que Paruta est un dieu dans ce genre d'ouvrage, *Deus in hoc scribendi genere* (3). Enfin Ignace Hanniel le regarde comme le seul écrivain italien qui ait bien compris les institutions romaines. « J'accepte facilement, dit-il, comme un » modèle excellent de gouvernement, la République romaine, dans les temps les plus rapprochés de son origine, quoique sa constitution ait porté avec elle, dès » le commencement, le germe de beaucoup de maux, » comme nous l'apprend si bien Paruta, le seul que » j'admire parmi les écrivains italiens (4). » Un historien récent de la littérature italienne, l'abbé Maffei, prétend même qu'aux yeux de quelques critiques les *Discours politiques* de Paruta vont de pair avec ceux de Machiavel (5). Sans nous associer à cette louange exagérée, disons, avec M. Daru : « Paruta, dans ses *Discours politiques*, avait approfondi l'organisation des » gouvernements les plus célèbres dans l'antiquité, développé les causes de la grandeur et de la décadence » des Romains, et fait admirer dans ses jugements l'étendue, la sagacité et la justesse de son esprit (6). »

(1) *Henrici Bœcleri dissertatio ad Lips. Potitic.*, p. 73.

(2) *Ibid. Bibliographia Historico-politico-philologica*, 1677.

(3) Gabriel Naudé. *Bibliographia politica*, p. 72. Amsterdam, 1645.

(4) Pro eximio Reipublicæ exemplo romanam his cunabulis propiorem facile admitto, licet ipsius institutio multum secum vitii à principio traxerit, ut bene docet Paruta quem unum inter Italos suspicio. *Ignat. Hannieli epistola*, p. 403, *apud Crenium de eruditione comparandâ*. Lyon, 1699.

(5) Maffei. *Storia della letteratura Italiana*, t. II, cap. 8.

(6) Daru. *Histoire de Venise*, t. VI, p. 327.

CONCLUSION.

On s'étonne seulement qu'avec un mérite si vrai et si bien apprécié des juges compétents, Paruta n'ait point acquis une renommée plus populaire et ne soit guère connu maintenant hors de l'Italie. Cela tient d'abord, comme je l'ai dit en commençant, à la nature de ses écrits qui, par les sujets mêmes qui y sont traités, n'intéressent qu'un petit nombre d'esprits. Mais la principale cause de l'oubli où il est tombé, c'est qu'il ne fut pas un grand écrivain. Il lui manqua cette perfection de la forme qui fait vivre les œuvres de l'esprit, et qui ne contribua pas moins à la gloire de Machiavel que la profondeur et l'originalité des pensées.

Malgré des qualités d'esprit naturelles, une certaine richesse d'imagination, le don de trouver facilement des comparaisons ingénieuses, et une chaleur de style remarquable, mêlée, il est vrai, d'un peu d'emphase, Paruta ne sut point écrire. Les incorrections, les redites, les périodes trop longues et qu'il eût été facile de resserrer, abondent dans ses ouvrages. Son style, comme l'a dit avec beaucoup de vérité un historien de la littérature italienne, Corniani, n'est ni élégant, ni pur : il a de la dignité (1). Malheureusement, la dignité est plutôt une qualité de l'esprit qu'un mérite littéraire. Les idées élevées, quoique présentées négligemment et sans

(1) « Il suo stile non è ne elegante, ne puro, ma però dignitoso. » Corniani. *I Secoli della letteratura Italiana*, t. VI, art. 33.

art, communiquent toujours au style une gravité qui le soutient. En lisant un ouvrage plein de choses, quoique faiblement écrit, on est tenté de faire comme l'auteur, et d'oublier la forme pour ne s'occuper que de la pensée. Mais les œuvres de l'esprit ne sont vraiment belles qu'à la condition de réunir ces deux qualités de toute production durable, l'élévation de l'idée et la perfection de la forme.

Aussi Paruta occupe-t-il dans la littérature italienne un rang inférieur à celui qu'il eût occupé, si son talent d'écrivain eût été à la hauteur de son mérite. Ses ouvrages, fort estimés de ses contemporains, auraient eu un succès plus éclatant, si l'élégance du style eût répondu à la sagesse et à la force des idées. Malheureusement, il ne voulut pas reconnaître que l'attrait de l'expression profite à la popularité de la pensée. S'il ne devint point un écrivain, ce fut moins par impuissance que par dédain de la forme. Il avait sur la littérature une théorie très-arrêtée : il nous dit, dans la *Perfection de la vie politique* (1), quel doit en être le but et ce qu'il faut attendre d'elle. Suivant lui, les langues n'ont de véritable valeur que par les idées qu'elles expriment; leur honneur est de servir à la propagation de la science. Elles n'ont point de beauté qui leur soit propre ; elles ne deviennent belles et populaires qu'en traduisant les méditations des philosophes. La littérature n'est point destinée à plaire, mais à être utile ; il faut avant tout qu'elle serve au développement des connaissances humaines. Peu s'en faut que Paruta ne bannisse avec Platon les poëtes de sa République, non point comme dangereux, mais comme inutiles. C'est là une opinion un peu étroite et un système beaucoup trop absolu. Une passion exclusive pour les travaux sérieux de la politique, une préoccupation constante de ce

(1) *Della Perfezione della vita Politica*, lib. I.

qui peut contribuer au bonheur de sa patrie et de l'humanité, lui cachent le vrai mérite des œuvres littéraires qui n'ont point d'utilité immédiate. On comprend qu'un écrivain qui se montre si peu sensible au charme des belles-lettres, cultivées pour elles-mêmes, par amour de l'art et du beau, n'ait pas senti tout ce que la forme ajoute à la pensée.

Regrettons-le pour sa gloire; mais remarquons, en même temps, qu'il lui reste après tout assez de titres à notre estime. S'il ne fut pas un grand écrivain, il n'en a pas moins une place honorable parmi les historiens et les politiques les plus éminents de l'Italie. Qu'il lui suffise d'avoir mérité ce bel éloge de de Thou :

« Vir rarâ in explicandis negotiis solertiâ et eloquentiâ; quas virtutes variis legationibus in Italiâ exercuit et scriptis quæ magno in pretio inter prudentiæ civilis sectatores meritò habentur, consignavit. Testantur hoc de perfectione politicâ libri, et commentarii vernaculo sermone exarati, quos soliloquio pietatem et veram animi magnitudinem spirante clausit (1). »

(1) Jacobi Augusti Thuani *Historia sui temporis*, lib. CXXII, 21.

Vu et lu,

à Paris, en Sorbonne, le 3 juin 1853,

par le Doyen de la Faculté des Lettres de Paris,

J.-Vict. LE CLERC,

Permis d'imprimer,

le Recteur de l'Académie de la Seine,

CAYX.

TABLE DES MATIÈRES.

Paris, — Imprimé par E. THUNOT ET Cie, 26, rue Racine.

www.ingramcontent.com/pod-product-compliance
Ingram Content Group UK Ltd.
Pitfield, Milton Keynes, MK11 3LW, UK
UKHW020604180726
13838UKWH00001B/409